Kultur braucht Raum und Luft,
sie in einem vorgefertigten Rahmen
zu belassen, begrenzt unsere
Lebensqualität.

Die Deutsche Nationalbibliothek verzeichnet diese Publikation in der Deutschen Nationalbibliografie; detaillierte, bibliografische Daten sind im Internet über https//dnb.de abrufbar.

Der Inhalt dieses Buches kann ein wertvoller Beitrag zur Entwicklung eines bewussteren, kulturellen Denkens sein.

© Michael Johanni 2025
Verlag: BoD · Books on Demand GmbH,
Überseering 33, 22297 Hamburg, bod@bod.de
Druck: Libri Plureos GmbH, Friedensallee 273,
22763 Hamburg
ISBN: 978-3-8192-1161-4

# Das Zerbrechen unserer Kultur

## Das Niveau einer Gesellschaft zeigt sich im Umgang mit der Menschlichkeit

von

## Michael Johanni

2025

# Drei Wegweiser

Menschlichkeit
mit Menschlichkeit fördern

\*\*\*

Gerechtigkeit durch
Wahrheit erzeugen

\*\*\*

Frieden durch
Friedfertigkeit herbeiführen

# Inhalt

Weiter bitte auf der nächsten Seite

# *Prolog*

Eigentlich könnten wir alle ein zufriedenes, sinnerfülltes Dasein führen – eigentlich.

Doch in welchem Zustand, in welchen Gesellschaftsverhältnissen leben wir?

Warum tragen die meisten Menschen fast permanent Ängste mich sich?

Ängste vor der undurchsichtigen Zukunft.

Angst, den Job zu verlieren, vor dem Vorgesetzten, vor Behörden, in die Armut hinabzufallen, eine wahrheitsgemäße Meinung zu äußern, die Kosten für den Zahnarzt und Medikamente nicht mehr zahlen zu können, ohne Wohnung zu sein und obdachlos zu werden.

Nicht einmal ansatzweise kann bei diesen beklemmenden Vorgängen von einer kulturgeprägten Gesellschaft die Rede sein – mehr noch, eine solche existiert größtenteils überhaupt nicht.

Sollte es zu einem früheren Zeitpunkt unter der Bevölkerung und zwischen der selbsternannten Elite und den Bürgern ein wahres, kulturelles Verständnis füreinander gegeben haben – ich meine ein wirklich niveauvolles, würdebeachtendes Miteinander in allen Bereichen – so wurde selbst dieses Mindestmaß an kulturellem Verhalten seit einigen Jahren (ausgehend von 2025) mit perfiden Mitteln nahezu völlig entwurzelt.

Die Hoffnung, die zugleich Motivation sein sollte, besteht jetzt im nüchternen Erkennen des Ist-Zustandes, in der klaren Sicht auf die Geschehnisse unserer Gegenwart.
Sobald wir illusionsfrei wahrnehmen, dass unsere Kultur, insbesondere die zwischenmenschliche, zerbrach, muss dies für uns bedeuten, das Zerbrochene mit allen Kräften wieder aufzubauen.
Es ist nun einmal unvermeidlich, sich zuerst mit den Tatsachen möglichst objektiv zu befassen, bevor der zweite, wichtige Schritt in die Praxis umgesetzt wird.

Bei all dem steht zweifelsfrei außer Frage, dass wir Menschen sehr wohl in der Lage sind, eine von echter Kultur geprägte Gemeinschaft zu bilden – eine Lebensweise, die uns mit kulturellem Verständnis zusammenführt und mit der wir Kummer, Not und Leid ganz überwiegend auflösen.

Wir brauchen die Kraft
der inneren Kultur!

*Wir alle kommen in diese Welt,*

*um in Würde zu leben – nicht,*

*um nur zu überleben.*

# *Kultur ist existenziell*

Der Begriff „Kultur" kann selbstverständlich in viele Richtungen interpretiert werden.

Doch schon darin ist eine gewisse Richtungslosigkeit enthalten, weil eben Interpretationen leicht von Wesentlichem ablenken können.

Es ist aber genau das Wesentliche, das über unser aller Lebensqualität entscheidet.

Deshalb muss es für uns wichtig sein, den bisherigen Blick auf Kultur zu erweitern. Besser noch, wir kristallisieren die Quintessenz heraus.

Denn es geht um nichts Geringeres als um das Existenzielle unserer Spezies – und dies ist leider nicht gesichert.

Mit einem kulturellen Bewusstsein, welches sich zuerst durch das gegenseitige Beachten unserer Menschlichkeit vergegenwärtigen sollte, können wir das gesellschaftliche Zerbrechen stoppen und das positive Fortbestehen der Menschheit ermöglichen.

*Es ist keineswegs wichtig, ob wir mit schlechten oder mittelmäßigen Gesellschaftsverhältnissen einigermaßen zurecht kommen.*

*Entscheidend ist, ob unsere Lebensqualität tatsächlich einem gesunden, würdebeachtenden Dasein entspricht.*

# Kulturverständnis

Als ich noch damit zögerte, meinen Kopf gerade in den Wind zu halten, ich unbelehrt war, was die zwischenmenschlichen und gesellschaftspolitischen Zusammenhänge betraf, konnte ich mit Aussagen, die das Wort Kultur inne hatten, nichts anfangen.

Mit den Jahren schritt ich dann, wie jeder von uns, beispielweise an einer Kirche oder einem Gemälde vorbei und nahm dabei doch tatsächlich an, endlich verstanden zu haben, was mit Kultur gemeint sei. So blieb ich zu jener Zeit innerhalb meiner kleinen Denkvorstellungen.

Woher sollte ich damals wissen, dass die Vielseitigkeit unseres menschlichen Daseins noch nicht einmal in einen großen Denkrahmen passt?

Niemand hatte mir zur damaligen Zeit, bis zu meinem ungefähr 20. Lebensjahr, auch nur ansatzweise vermittelt, inwieweit menschliche Eigenschaften, Verhaltensweisen, kulturelle Bestrebungen sowie gesellschaftliche Normen wie auch Gesetze miteinander verwoben sind.

Diesbezüglich weiß ich heute, dass es bislang überhaupt nur wenige Menschen gibt, die sich dieser äußerlich oft nicht direkt erkennbaren Verbindungen bewusst werden, obgleich diese unser tägliches Leben erheblich mitbestimmen.

Ich möchte mir nicht anmaßen, die unsagbare Größe und die außerordentliche Bedeutung des gesamten Kulturwesens alleine mit diesem Buch veröffentlichen zu können.

Und doch erlaube ich mir, meine bisherigen Erkenntnisse und die zahlreichen Erfahrungen zum Wohlwollen meiner Mitmenschen und der gesellschaftlichen Weiterentwicklung niederzuschreiben.

Nur das, was wir wirklich anstreben
ist erreichbar.

Dass die Völker dieser Erde stets aufs Neue versuchen, ihre jeweils eigene Kultur zu leben und zu pflegen, gehört ohne Wenn und Aber zu den besten, menschlichen Errungenschaften.

Wir brauchen die Traditionen, die uns Vertrautheit und damit emotionale Sicherheit vermitteln. Wer diese wertvollen, kulturellen „Schutzschirme" zerstören möchte, wird von dunklen Ideologien angetrieben und muss gestoppt werden!

Das Festhalten an Traditionen, die uns allgemein als Kultur bekannt sind, reicht dennoch nicht aus, um eine Lebensform zu erhalten, die unseren vielseitigen, menschlichen Möglichkeiten tatsächlich entspricht.

Ein deutlich breiteres, tieferes Verständnis von Kultur, und damit meine ich auch unsere innere Kultur, welche schon grundsätzlich in uns allen vorhanden ist, hat die geistige und emotionale Kraft, einen Großteil der gesellschaftspolitischen Missstände jeder Art zu verringern oder erst gar nicht entstehen zu lassen. Dies gilt gleichsam für die vielen zwischenmenschlichen Probleme, die sich allerdings überwiegend erst durch die gesellschaftspolitischen Verirrungen entwickeln.

So liegt es nahe, unser Gedankengut, hinsichtlich des noch unklaren kulturellen Verständnisses, einer genaueren Überprüfung auszusetzen.

Unser bisheriges Kulturverständnis bedarf einer unmissverständlichen, mentalen Erweiterung, die uns verstehen lässt, dass Kultur an sich sowie das gesamte Kulturwesen für unser wichtiges Verhältnis zur Wahrheit eine bedeutende Rolle spielt, dies gilt ebenso für das existenzielle Verlangen nach Freiheit.

Mit dieser Einsicht, die für unser menschliches Fortbestehen dringend nötig ist, können wir uns auf den Weg machen, das Substanzielle der vielfältigen, kulturellen Möglichkeiten allen Lebensbereichen zugänglich zu machen.

In unserem eigenen Interesse müssen wir Blockaden lösen, die uns davon abhalten, offen und selbstbewusst nach einer menschlich moralischen

Weiterentwicklung zu streben.

Wer es mit dem Menschsein und der positiven, menschlichen Vielfalt wirklich ernst meint, wer die deutliche Verbesserung der Gesellschaftsverhältnisse aufrichtig unterstützen will, wird das sinnvoll Moralische und das starke, kulturelle Bedürfnis als natürliche Einheit erkennen. Wenn nicht unmittelbar, so jedoch nach und nach.

Sobald wir uns nicht länger an der obligatorischen Vorstellung von Kultur festhalten, wir Kultur nicht nur als etwas elitäres oder rein künstlerisches ansehen, fördern wir damit ein tieferes Verständnis für Zusammenhänge. Und dies wiederum wird unsere Lebensqualität spürbar verbessern.

An diesem Punkt können wir folgende, brisante Frage stellen: *Erreichen wir die gewünschte Lebensqualität nur über das tägliche Arbeiten, so, wie uns regelmäßig suggeriert wird oder, braucht es zuerst den gemeinsamen Nenner für ein wirklich kulturell-moralisches Verhalten, eben gerade bezüglich des Miteinanders?*

Unser tägliches Dasein setzt sich aus zahlreichen, ineinanderfließenden Vorgängen zusammen. Das eine ergibt das andere.

Nichtsdestominder hängt alles von einzelnen Entscheidungen ab, die wir selbst treffen oder, die für oder gegen uns getroffen werden. Jeder einzelnen Entscheidung liegen zuvor bestimmte Abläufe zugrunde.

Dies bedeutet auch, dass Entscheidungen ein Resultat vorangegangener Denk- und Handlungsaktivitäten sind.

Vorausgesetzt, unsere Aktivitäten und Entscheidungen finden auf der Basis von Wahrheit und eines wohlgemeinten Miteinanders statt, weil wir endlich in der Lage sind, ein weiterentwickeltes, kulturelles Verständnis in die Praxis umzusetzen, kann gelingen, das für uns alle wünschenswerte Ziel einer aufrichtigen Weltgemeinschaft zu erreichen.

*Wenn wir Menschen der Natur nicht
entsprechen, überholt sie uns,
bevor wir ihr wertvolles Geschenk,
das Leben, überhaupt begreifen.*

# Wie ich das kulturelle Verständnis definiere

Das Wort „Kultur" (lat. cultura) kann als Sammelbegriff für unzählige Denk- und Verhaltensformen eingestuft werden.
Auch die verschiedenen Religionen bilden jeweils für sich eine Form der Kultur.
Dort tritt überwiegend ein bestimmter Glaube in den Vordergrund, weshalb die kulturelle Mannigfaltigkeit innerhalb von Religionsgemeinschaften oft nicht leicht erkennbar ist.

Das wahrhaftige, kulturelle Verständnis geht mehr oder minder mit kreativen Denkprozessen einher, welche den Status quo überwinden wollen, um nach existenziellen Verbesserungen zu streben. Es will sich durch sich selbst fortentwickeln und sucht in der Art des Freigeistes die geistige Herausforderung – sowohl mit innerer Zwiesprache als auch durch äußere Bereicherung.

Wo üblicherweise von Kultur die Rede ist, wird oft etwas gemeint, das außerhalb des Täglichen und Gewöhnlichen vor sich geht, oder in der Vergangenheit praktiziert oder erstellt wurde.

Damit ist unschwer sichtbar, dass kulturelle Bedürfnisse im Allgemeinen eben an feste Normen und Rituale gebunden sind, weshalb es im Sinne unserer Lebensqualität bislang zu keinem wirklichen kulturellen Verständnis kam.

Der Besuch eines Museums beispielsweise, hat in unserer Gegenwart (2025) nicht mehr den Stellenwert wie noch vor ca. 20 oder 30 Jahren.

Solche Ausflüge, wenn sie stattfinden, werden dennoch als kulturelle Höhepunkte bewertet.

Vor allem wenn es um historische Ereignisse und längst verstorbene Künstler geht, zeigt sich die menschliche Neugierde zumindest bei einem Teil der Bevölkerung noch immer recht präsent.

Die Interessierten befinden sich im guten Glauben, auf diese Weise Kultur zu leben, was zu einem gewissen Maße selbstverständlich auch zutrifft.

Unverständlich dabei ist, dass es darüber hinaus an universellem, kulturellem Verständnis fehlt.

Der zu schnelle Blick oder fehlende Eigenreflexion verhindern das Erkennen, dass alles miteinander zusammenhängt.

Das gelebte, kulturelle Verständnis ist gleichsam ein sich Hineindenken in das zwischenmenschlich sittliche und harmoniefördernde Verhalten jedes Individuums, jeder Gruppe sowie der Gesellschaft – verbunden mit dem ernsthaften Anspruch auf eine positive, moralische Verbindlichkeit. Beim Erreichen dieser Ebene sind wir bereits auf dem besten Weg, unsere kulturellen Bedürfnisse vom Unterbewusstsein ins Bewusstsein zu rücken und Kultur nicht mehr nur als zugeschnürtes Paket mit den immerselben Adressen wahrzunehmen. Stattdessen geben wir ihr, der Kultur, die Aufmerksamkeit, die sie benötigt, damit wir uns durch ihre inspirierende Energie zu feinsinnigen, menschenzugewandten Kulturwesen entwickeln.

Mit diesen Erkenntnissen und dem Praktizieren kultureller Lebensart in jedem Bereich, erzeugen wir, und dies ist gesichert, ein enges, verbindliches Miteinander für eine wirklich menschliche Gesellschaft.

*Wenn wir immer nur mit Menschen reden wollen, die eins zu eins unserer Meinung sind, bleiben wir innerhalb eines kleinen Denkrahmens, ohne Wissensbereicherung.*

# Kultur
## Unser Denken

Wir Menschen denken ständig, und natürlich ist dabei entscheidend, was wir denken.

Wenn wir uns einfach treiben lassen, die Gedanken ungeordnet vor sich hinschweben lassen, kommen wir damit beispielsweise einem Vogel gleich, der immer wieder von Ast zu Ast fliegt, weil er sich nicht entscheiden kann, auf welchem Ast er sein Nest bauen möchte.

Für uns Menschen ist es wichtig, dass wir das wunderbare Geschenk – denken zu können – nicht leichtsinnig verschwenden.

Unsere Lebenszeit ist zu kurz, um regelmäßig darauf zu warten, dass andere für uns denken.

Die täglichen Vorgänge bewusst wahrnehmen und darüber nachdenken, Missstände als solche realisieren und sie gedanklich analysieren, den Sinn im Miteinander erkennen, Gesetze und alte Gewohnheiten hinterfragen und sich gedanklich mit ihnen auseinandersetzen.

Alles das ist für unsere Lebensqualität von besonderer Wichtigkeit.

Wir Menschen sind ein Bündel beachtlicher, mentaler und körperlicher Fähigkeiten, die es uns grundsätzlich ermöglichen, ein Dasein in Würde zu führen.

# Kultur und Moral

Da Kultur in keine feste Kategorie passt, sollte auch die Moral nicht in eine solche gepresst werden.

Natürlich brauchen wir Menschen unsere mentalen Schubladen, um auf Erfahrungen zugreifen zu können. Doch dabei muss uns immer bewusst sein, dass zum Beispiel Pauschalisierungen, alles schnell in einen Topf werfen, nichts mit Objektivität und Wahrheit zu tun haben.

Von daher ist es eben notwendig, darauf zu achten, unser Denken jeweils nicht vorschnell in genau festgelegte Kategorien gleiten zu lassen, die lediglich in Sackgassen enden.

Wir müssen uns angewöhnen, mit Umsicht und Wahrheit zu denken, und wir sollten uns selbstbewusst zutrauen, größere Zusammenhänge zu erkennen.

Mit dieser vorteilsbringenden Einsicht gelingt es uns, Kultur in einem viel weiteren Kontext zu sehen. Hierzu können wir die anschließende Frage stellen: *Ist das Leben mit bewusstem, kulturellen Verständnis gleichzeitig ein moralisches?*

Sobald wir beides im positiven Sinne einordnen, wird sich diese Frage leicht beantworten lassen.

Für mich, dem Verfasser dieser Texte, führt das

Ausbleiben von moralischem Verständnis zu einer erheblichen Behinderung für das nötige Ansinnen, Kultur in seiner gesamten Vielfalt zu realisieren.

Die Begründung liegt auf der Hand – ohne moralisches Verständnis kann es nicht zu kulturellem Verständnis kommen.

*Ist es demnach so, dass Moral und Kultur letztlich voneinander abhängig sind?*

Diese Frage kann nur mit einem eindeutigen Ja beantwortet werden.

Wenn wir das sinnvoll Moralische unbeachtet lassen oder willentlich zur Seite schieben, wird uns das Kulturelle nur wenig bedeuten. Jedoch haben beide ihren entsprechenden Platz in unserer mentalen Struktur.

Wer das Moralische undifferenziert als einengend oder altmodisch bewertet, dem fällt es nicht leicht, innerhalb seines Umfeldes auf kulturelles Verhalten zu achten.

Umgekehrt trägt es sich so zu, indem das kulturelle Verständnis als Türöffner wirken kann, um sinnbildendes, moralisches Verhalten zu praktizieren.

Ein Mensch, der sich über die Herkunft seiner Eltern kaum Gedanken macht, um nur ein Beispiel zu nennen, der vordergründige Aussagen über deren Verhalten äußert, ohne die zurückliegenden

Ereignisse zu beachten, welche das Verhalten der Eltern prägten, wird sich auch an anderer Stelle schwer tun, Objektivität und Wahrheit als moralische Stütze anzunehmen.

Wenn wir das Menschsein, die Menschlichkeit in uns, wirklich ernst nehmen, und das sollten wir, werden kulturell moralische Bedürfnisse stetige Begleiter unseres Denkens und Handelns.
Noch selbstbewusster formuliert geht es dabei um eine mentale Befreiung. Dies ergibt sich schon alleine daraus, dass wir Menschen wegen unserer biologischen Beschaffenheit Kultur und Moral bereits seit unserer Geburt in uns tragen, nur noch nicht greifbar ausgebildet.

Es braucht nicht sehr viel, um die Gesellschaft auf den richtigen Weg zu bringen.
Und ja – eine menschliche, harmoniegeprägte Weltgemeinschaft zu gestalten, ist möglich!

*Das Ziel von uns allen muss nicht eine perfekte, sondern eine deutlich menschlichere Welt sein.*

# Kultur
## Lebensphilosophie

Sie ist die Summe deiner persönlichen Erfahrungen, Erlebnisse und der unzähligen Einflüsse, die jahrelang auf dich einwirkten.

Deine Lebensphilosophie – sie begleitet dich, du trägst sie immer mit dir, selbst bis an entlegenste Orte wird sie dir folgen.

Sie kommt einem inhaltsreichen Buch gleich, das allerdings noch nicht zu Ende geschrieben ist.

Die bereits beschriebenen Buchseiten hast du verinnerlicht – du denkst und handelst danach.

An diesem Punkt befindest du dich im Status quo deiner Lebensphilosophie. Von hier aus versuchst du, deinen Tag, die Wochen, Monate und die nächsten Jahre zu planen. Und nicht nur das, unbewusst, auch bewusst, wird deine persönliche Lebensphilosophie zu deiner Denk- und Verhaltensschablone.

Mehr oder minder automatisch drängt es dich dazu, alles um dich herum mit dieser Schablone abzugleichen – vor allem das Denken deiner Mitmenschen und ihre Verhaltensweisen.

 Gleichzeitig schleichen sich weitere, äußere Einflüsse in dein Bewusstsein sowie in dein Unterbewusstsein. Auch diese werden ganz von selbst mit deiner gewachsenen Lebensphilosophie verglichen. Passen diese äußeren Einflüsse gut in deine persönliche Schablone, nimmst du sie in dich auf ohne, tiefer zu hinterfragen – jedenfalls in den meisten Fällen.

Neues, gerade wenn es nicht deiner eigenen Lebensphilosophie gleichkommt oder nicht zumindest ähnlich ist, erscheint fremdartig, falsch oder als Angriff gegen dich.

In solchen Situationen, und diese ergeben sich immer wieder, wäre es gut, wenn wir Menschen um uns hätten, die uns mit ihrer offenen Aufrichtigkeit wachrütteln. Die uns daran erinnern, dass es unsere festgezurrte Schablone ist, welche das Denken und Verhalten anderer Menschen missversteht und oft auch verurteilt, mit Vorurteilen, die sich in unsere persönliche Lebensphilosophie einprägten.

Doch diese wichtige Offenheit, der nötige Widerspruch gegen einseitige Denkmuster, wurde und wird in unserer Gesellschaft als „störend" wahrgenommen und sogar unterdrückt.

Wer es wagt, mehr zu hinterfragen, wer um zwei oder drei Ecken denkt, bekommt in der Regel Schwierigkeiten, welcher Art auch immer.

So ist leicht erkennbar, wohin diese fatalen Beschneidungsrituale führen. Obschon wir uns im Jahre 2025 befinden, ist der Zustand unserer Gesellschaft, bei genauerem Hinsehen, katastrophal!

Die gravierende, gesellschaftliche Unausgewogenheit ist beängstigend und stark bevölkerungsfeindlich – sowohl im Zwischenmenschlichen, im Wirtschaftlichen, in zahlreichen Firmen als auch, und dies sehr deutlich, im Rechtlichen bei der Auslegung von Gesetzen und der Behandlung von Menschen, die sich zurecht kritisch äußern.

Die schwerfällige Lebensphilosophie vieler Menschen trägt eine gewisse Mitverantwortung an schlimmen Missständen, die es bereits lange gibt und momentan erneut zunehmen.

Seit einigen Jahren vergreifen sich einzelne Personenkreise daran, möglichst viele, menschlich positive Errungenschaften zu zerstören.

Ihr entgleistes Wertedenken treibt sie in sehr düstere Geistesvorstellungen, die sie in die Tat umsetzen wollen.

Umso mehr ist es eben sehr wichtig, dass jeder von uns seine persönliche Lebensphilosophie überprüft – ehrlich gegenüber sich selbst und im Sinne der Menschlichkeit. Lassen wir uns nicht dazu verleiten, Sorgen, Not und Leid über unsere Mitmenschen zu bringen! Halten wir zusammen, und widersprechen wir jeglichem Unrecht!

Um den Sinn des Lebens zu erfahren, bedarf es nichts weiter als das aufrichtige und gemeinschaftliche Miteinander auf der Basis unserer Grundbedürfnisse, sowohl im Kleinen als auch im Großen.

# Geht „Kultur" ohne Harmonie?

Das Streben nach Harmonie gilt in vielen Lebensbereichen noch immer als Gefühlsduselei oder wird gar als Schwäche interpretiert.

Der Wunsch nach Harmonie sei, so jedenfalls von nicht wenigen indirekt gemeint, eine hilflose Illusion, die etwas fordert, was es nicht gäbe.

Leistungen könnten nicht umgesetzt werden, würde auf menschliche Bedürfnisse Rücksicht genommen.

Doch gerade im letzteren, in der Rücksicht auf das Menschliche, liegen besonders viele Kräfte und beständige Erfolge. Vor allem dann, sobald erkannt wird, dass Harmonie nicht nur ein Bedürfnis, sondern ein Grundbedürfnis ist.

Jeder Mensch, der bewusster in sich hineinhört, sucht nach harmonischen Verhältnissen. Dies nicht nur in seinem direkten Umfeld, auch darüber hinaus – beispielsweise dann, wenn es um gesellschaftspolitische Vorgänge geht.

Demnach ist es wichtig, das natürliche Verlangen nach Harmonie zuzulassen und als zugehörigen Teil unserer kulturellen Basis anzunehmen.

Wer von uns möchte nicht als Mensch mit kulturellen Eigenschaften gelten? Und es ist auch keine Anmaßung, wenn wir uns als kulturelle Wesen bezeichnen wollen. Schließlich offenbart sich dadurch, dass wir im Zulassen von innerer Kultur, bezüglich unserer menschlichen Attribute, gleichsam das Verlangen nach Harmonie verspüren.

Etwas anders formuliert lässt sich Folgendes verdeutlichen: Wer nach Kultur strebt, eben auch nach innerer, sucht dabei nicht minder nach harmonischen Beziehungen. Wer sich aber dagegen stellt, wird wohl das Kulturelle kaum schätzen, was wiederum zu einer geringeren Lebensqualität führt.

Im bislang üblichen, engeren Denkrahmen zu bleiben, begrenzt das Verhältnis zu Vorgängen in der Gesellschaft und noch stärker zu unseren Mitmenschen.

So zeigt sich, dass beide – sowohl die Kultur als auch die Harmonie – zum Wohle von uns allen in einem größeren Zusammenhang zueinander stehen.

*Eine Welt in Frieden und Harmonie ist möglich – es muss nur wirklich gewollt und in die Tat umgesetzt werden.*

# Sprache ist „Kultur"

Was wären wir Menschen ohne die Sprache?
Es ist nun einmal eine Besonderheit unserer
Spezies, sprechen zu können.

Wie viele Jahrtausende brauchte es, bis unsere
Sprache den heutigen Stand erreichte?
Sicher ist, dass es ein sehr langer, zäher Entwick-
lungsprozess gewesen sein muss – eine zeitlose
Reise, die Wort für Wort eine Sprache entstehen
ließ, eine Reise, die wohl nie ein Ende nimmt.

Unserer natürlichen Kreativität und der damit
zusammenhängenden, menschlichen Intelligenz
ist es zu verdanken, dass es auf dieser Erde unge-
fähr 7000 Sprachen gibt, davon bis zu 291 in Eu-
ropa. Wir können allerdings annehmen, dass ein
Teil davon im täglichen Sprachgebrauch kaum
gesprochen wird.
Hat diese große Sprachvielfalt zu Frieden in der
Welt geführt? Kamen sich die Menschen näher?
Wir alle wissen, dass dem, bis auf wenige Aus-
nahmen, leider nicht so ist.
Seit langer Zeit schon hält man die Völker dieser
Welt mehr oder minder gezielt davon ab, engere
Verbindlichkeiten zueinander aufbauen zu können.

Die stark egozentrischen Herrschenden in zahlreichen Ländern dieser Welt, machten auch diese wichtigen Möglichkeiten zu ihrem alleinigen Privileg. Herrschsucht, die man mit Perfidität und Gewalt in die Tat umsetzte, zerriss und zerreißt aufblühende Gemeinschaften stets aufs Neue.

So war und ist es der großen Mehrheit der Weltbevölkerung bisher kaum möglich, im Sinne der Menschlichkeit und einer Weltfamilie zusammenzufinden.

Ohne Frage, wir können auf die umfangreiche Sprachvielfalt, die es auf diesem Planeten gibt, stolz sein. Zugleich aber zeigen diese Errungenschaften auch Nachteile.

Zweifelsfrei ist es unabdingbar, dass sich bei einer Weltbevölkerung, die Milliarden von Menschen zählt, einzelne Nationen herausbilden – Nationalstaaten, deren eigene Stammbevölkerung als Grundbasis für eine menschlich funktionierende Gesellschaft dient.

Diese existenzielle Tatsache darf jedoch nicht dazu führen, dass sich Menschen in den jeweiligen Staaten nach außenhin abschotten – leider ist dies größtenteils der Fall.

Nein, die Bürger der einzelnen Nationen waren und sind keineswegs dafür verantwortlich, dass es zwischen ihnen bis heute zu keinen stärkeren Annäherungen kam.

Nicht die räumliche Distanz ist hauptverursachend für befremdliche Gedanken gegenüber Menschen aus anderen Ländern.

Vor allem wirken fragwürdige Gesetze blockierend, die zudem ein unnötiges, beklemmendes Maß Bürokratie mit sich bringen.

Wie sollen sich Bürger zwischenmenschlich näher kommen, selbst dann, sobald die Sprache kein Hindernis mehr ist, wenn die gesetzlich bürokratischen Hürden sehr hoch angelegt wurden?

Dieser Zustand war, zum Beispiel in Deutschland, sehr lange an der Tagesordnung. Seit einigen Jahren gibt es einzelne, gesetzliche Erleichterungen, die allerdings fragwürdige Hintergründe verfolgen und höchstwahrscheinlich nicht wirklich das Wohlwollen der Betroffenen zum Ziel haben. Es ist zu hoffen, dass andere, besonnene Entscheidungsträger, die Würde des Menschen deutlicher beachten.

Alleine der zeitliche Aufwand für das Erledigen des vielbesagten Papierkrams verbraucht bereits ein Übermaß an menschlicher Energie. Und die in der Regel zu hohen Kosten, die von den ausreisewilligen Bürgern zu leisten sind, können nur mit sehr viel Mühe gezahlt werden.

Wahrheitsgemäße Informationen über das Leben in anderen Staaten sind dürftig, in vielen Fällen zudem oftmals von drittklassiger Natur, was zu weiterer Unsicherheit führte und führt.

Offensichtlich ist außerdem, dass die Bevölkerung im Allgemeinen, in welchem Land auch immer, zu wenig Sprachunterricht erhält.

Ein solcher müsste auch unabhängig von Schulen unkompliziert organisiert sein, damit die Menschen in jedem Alter hinzulernen können.

An dieser Stelle komme ich zu einem sehr wichtigen Punkt. Weshalb wurde bislang nicht konsequent daran gearbeitet, eine offizielle Weltsprache für alle Menschen zu etablieren, nicht nur für wenige Gruppen, wie beispielsweise in der Medizin oder in Teilen der Wirtschaft, wo die englische Sprache seit langem als selbstverständlich genutzt wird?

Für mich gibt es keine Zweifel daran – hätten wir eine Weltsprache, die von allen Menschen relativ leicht zu erlernen ist, gäbe es einen Großteil unserer Probleme in dieser Welt nicht!

Doch die Hauptverantwortlichen in den jeweiligen Ländern verhindern diesen unsagbar wichtigen Schritt, jedenfalls bisher.

Es ist anzunehmen, dass es schlicht nicht gewollt ist, dass sich die Menschen viel einfacher miteinander verständigen können.

Bei derartigen, menschenfremden Vorgängen müssen wir uns die ernsthafte Frage nach dem Warum stellen. *Was wäre, wenn die große Mehrheit der Weltbevölkerung über deutlich mehr Sprachkenntnisse verfügen würde?*

Nun, damit wäre, aus Sicht der Herrschenden, die vermeintliche Systemstabilität gefährdet.

Und dies bedeutet letztlich nichts anderes, als dass die selbsternannte Elite regelrecht Angst davor hat, dass sich die Völker dieser Erde tatsächlich vereinen, um endlich in menschlicher Verbundenheit und Freiheit zu leben.

## *Unsere Sprache braucht mehr kulturelles Verständnis*

Ist die Sprache mit verbindlichen Werten verknüpft?

Der allgemeine Sprachgebrauch, beispielsweise in Deutschland, erscheint oft nicht wirklich gepflegt und lässt aufrichtige Verbindlichkeit meist vermissen. Wer von uns kann demnach sagen, er würde sich zu jeder Zeit gepflegt und gewählt ausdrücken?

Unsere Sprachgewohnheiten – ob nun angenehm feinsinnig, ehrlich direkt, durch Misstrauen beladen oder grob anmaßend – prägen selbstverständlich unser tägliches Leben.

Ähnlich ist es mit vielen tückischen Redewendungen, die Sprache zu einem beliebigen Hilfsmittel degradieren, um daraus, gegenüber Mitmenschen, Vorteile zu ziehen – der Kultur und wichtigen Werten zum Trotz.

Hier möchte ich auf die Fahrlässigkeit bei der Sprachgestaltung aufmerksam machen:

Nur alleine schon mit der Sprache können wir Freude und echte Lebensqualität hervorbringen. Und bereits mit der Sprache ist es möglich, Sorgen, Not und Leid zu erzeugen. Dies geschieht immer dann, sobald das Gesprochene zum Beispiel menschliche Werte hintenanstellt oder ganz bewusst Schaden bei Menschen entstehen soll.

Worte bestehen eben nicht nur aus Buchstaben, sie bringen unsere Gedanken über die Sprache nach außen – und noch viel mehr, in dem sie ganz direkt mit unserem Unterbewusstsein verbunden sind. Aus dieser tieferen Quelle treiben die gespeicherten Erlebnisse und Erfahrungen nach oben, drängen sich ins Bewusstsein und werden anhand der Sprache unsere Verbindung zur Außenwelt.

Kommunizieren können wir zu einem gewissen Teil natürlich auch über Mimik und Gestik.

Wie wir es auch drehen mögen – unsere Gedanken und Worte bilden die Sprache. Und deshalb ist es entscheidend, ob wir sie, eben die Sprache, mit der nötigen Moral und einem kulturellen Verständnis untermauern. Mehr noch, wir brauchen die Erkenntnis, dass das beständige Bestreben nach echter Kultur, im besten menschlichen Sinne, einem höheren Reifezustand gleichkommt, der damit auch unsere Sprache reifen lässt.

Dieses Reifen ist ohne Wenn und Aber notwendig, wollen wir in absehbarer Zukunft Gesellschaftsverhältnisse erhalten, in der alleine schon durch eine kulturell gepflegte Sprache zahlreiche Probleme erst gar nicht entstehen.

Eine überlegte, würdebeachtende Ausdrucksweise, die sich aus ehrlichen Gedanken und Worten zusammenfügt, ist ohne Zweifel ein sinnvoller Grundpfeiler für das Wachsen einer gesellschaftlichen Gemeinschaft, in der die Menschlichkeit tatsächlich an erster Stelle steht.

# Kultur?
# Zerstörung durch
# „Künstliche Intelligenz"

Die sogenannte Künstliche Intelligenz wird uns seit Jahren von einigen Seiten als großer Fortschritt präsentiert.

Doch das ist dieses menschenfremde Technologie-Paket keineswegs.

Diese Technik ist für uns Menschen und die Gesellschaft überwiegend ein bedrohlicher Nachteil, eine Gefahr!

Und warum soll eine Technologie im Sinne der Menschen hergestellt sein, wenn ein Teil der Befürworter dieser Technik bürgerfeindlich denkt?

Solche Systeme werden gerne verwendet, weil man sie unter dem Deckmantel, Gutes zu bewirken, anpreisen kann.

Wer alles kontrollieren will, eben vor allem uns Bürger, dies in sämtlichen Lebensbereichen, ist definitiv sehr weit davon entfernt, ein Freund der Bevölkerung zu sein!

Ganz egal, wo man hinsieht, ist das aufgeblasene Theater mit neuen Technologien überdeutlich zu sehen. Mehr und mehr rückt dieser Missstand ins Zentrum unserer Gesellschaft, weshalb es mit Vielem steil bergab geht.

Die Ausgrenzung von Menschen hat zugenommen, das Miteinander findet noch weniger statt, abscheuliches Denunzieren von Mitbürgern wurde wieder salonfähig, Konzerne überbieten sich in ihrer Arroganz, Berufspolitiker verstricken sich im zunehmenden Maße in naive, aber auch gefährliche Machenschaften, viele kleinere und mittelgroße Firmen müssen schließen, Bankfilialen werden reihenweise geschlossen und bestimmte, versnobte Institutionen drehen massiv an der Macht- und Kriegsschraube.

Demnach ist leicht erkennbar, wozu Künstliche Intelligenz geschaffen wurde.

Wer an Künstliche Intelligenz glaubt,
fängt an, sich selbst und die menschliche
Gesellschaft aufzugeben.

*Wir verringern Kummer und Leid, sobald wir unsere Mitmenschen weder als Konkurrenten noch als Feinde sehen.*

# Kultur
# Zusammenhalt

In unser aller Interesse ist es dringend notwendig, dass wir uns viel bewusster mit der zwischenmenschlichen Kommunikation und dem Zusammenhalt untereinander beschäftigen.
Gerade in den letzten Jahren hat sich leider sehr deutlich gezeigt, dass wir einen hohen Preis dafür zahlen, weil es in der Bevölkerung bisher an einem engen, vertraulichen Miteinander mangelt.

Doch jeder neue Tag ist auch ein neuer Start und wir alle können mit unserem eigenen Verhalten täglich aufs Neue sichtbare Zeichen setzen, um den Zusammenhalt spürbar zu fördern.
Wenn wir dabei ganz bewusst darauf achten, dass unser Denken nicht länger von äußeren, manipulativen Einflüssen gesteuert wird, werden wir in absehbarer Zeit die Früchte unseres selbstständigen Denkens erleben.
Die befremdliche Distanz in der Bevölkerung, die uns perfide aufgezwungen wurde, sollte endlich Vergangenheit sein.
Hören wir damit auf, unnatürliche Hierarchien als nötig zu erachten, das sind sie ganz überwie-

gend nicht. Viel mehr trennen sie uns voneinander!

Praktizieren wir Menschlichkeit ohne Vorurteile und lassen wir uns nicht weiter zu einem nachteiligen Konkurrenzdenken verleiten.

**Zusammenhalt, Menschlichkeit** – sie müssen der wichtigste Maßstab für die Gestaltung unserer Gesellschaft sein!

Je besser und schneller wir diese in die tägliche Praxis umsetzen, desto früher werden wir uns in einer Welt befinden, in der es für uns alle eine bewegende Freude sein wird, auf dieser wunderbaren Erde leben zu können.

*Wenn wir Missverständnisse mit unseren Mitbürgern möglichst vermeiden wollen, sollten wir uns darum bemühen, einen wohlwollenden Einblick in ihre persönliche Lebensgeschichte zu bekommen.*

# Kulturelles Verhalten gegenüber Kindern

Bereits bei unserer Geburt sind wir mit kulturellen Eigenschaften/Werten ausgestattet.
Ein Baby weiß instinktiv, wie es zu Nahrung kommt und wie es Aufmerksamkeit erhält. Schon zu dieser Zeit tragen diese zierlichen, kleinen Erdenbürger wichtige Grundbedürfnisse in sich, die fortan als Antrieb für das Leben eine elementare Rolle spielen.
Grundbedürfnisse als solche zu erkennen, sie als sehr wichtig wahrzunehmen, gehört fraglos zu einem erweiterten, kulturellen Verständnis und zu einer authentischen, moralischen Denkweise.
Genaueres dazu schreibe ich in einem weiteren Kapitel, das an seiner Überschrift erkennbar ist.

Unwidersprochen wird angenommen, dass der Kindergarten und die Schule in ihren bisherigen Formen für sich alleine schon einen guten, allgemeinen, kulturellen Rahmen zur Verfügung stellen. Dies ist der äußere Schein.
Über die Kultur in diesen genannten Einrichtungen entscheidet das sogenannte Bildungs- oder Kulturministerium. Die dort sitzenden Beamten

geben klar vor, welche Lerninhalte und welche Lernmethoden (Didaktik) Anwendung finden müssen. Wer dem widerspricht, muss um seine Pension fürchten.

Bereits mit engverbindlichen Vorgaben zeigt sich offen, dass es nicht wirklich darum geht, Kindern einen verstehbaren Zugang zu breiterem, kulturellen Wissen zu vermitteln.

Alibiveranstaltungen sollen den jungen Nachwuchs und dessen Eltern glauben machen, sie würden an Kultur herangeführt.

Museumsbesuche, Schulausflüge und Städtereisen erzeugen einen vordergründigen Eindruck von Bildungskultur, der darüber hinwegtäuscht, dass die Mädchen und Jungen lediglich einen dünnen Anstrich erfahren.

Echtes Basisdenken, das nötig ist, um überhaupt verstehen zu können, welche Bedeutung kulturelles Denken und Handeln für sie selbst und die Gesellschaft hat, wird ihnen bislang nicht weitervermittelt. Dabei muss nicht ausgeschlossen sein, dass die jeweils Verantwortlichen in den Ministerien und Ämtern selbst einem Mangel an kulturellem Verständnis unterliegen, den sie mit dem Innehaben ihrer Position verschleiern können.


Noch bevor die Kinder zur Schule müssen, sind sie einer nicht unwesentlichen Beeinflussung durch die Außenwelt ausgesetzt.

Es widerspricht jeglichem kulturellen Verständnis, dass Kinder bereits ab dem ersten Lebensjahr außer Haus in Einrichtungen gegeben werden!

Mit der suggerierten Aussicht auf allerlei vermeintliche Vorteile, manipuliert man die Eltern so weit, dass sie ihre lieben, kleinen Kinder viel zu früh freiwillig in den Kinderhort bringen.

Welche Art Kultur soll das sein, wo Familien für machtstrategische Entscheidungen Missbrauch erfahren. Denn nichts anderes ist es, wenn schon Kleinkinder auf die Obhut ihrer Eltern verzichten müssen!

Es ist unwiderlegbar – Geborgenheit und Zuneigung können sich am besten durch Mutter und Vater, auch durch Großeltern, auf die Kinder übertragen.

Wo Eltern machtpolitischen Zwängen unterliegen, die sie kaum realisieren, ist das Kulturelle völlig aus den Angeln gehoben.

Mit permanentem, unterschwelligen Druck wird jungen Frauen und Männern vorgegaukelt, dass die Welt nur auf sie warte und sie für Karriere und Luxus nur genug arbeiten müssten.

Vor allem wird ihnen geschickt nahegebracht, dass sie sich am besten an die bestehenden Regeln anpassen sollten, damit sie ihren Job oder eben die Karriere nicht gefährden.

Diese Vorgehensweisen befinden sich mitten unter

uns, man praktiziert sie an sehr vielen Stellen unseres gesellschaftlichen Lebens.

Der aufrichtige, gesunde Menschenverstand möchte solche schamlosen Umstände nicht glauben. Doch sobald wir die wirtschaftspolitischen Abläufe genauer analysieren, wird leicht sichtbar, dass beinahe alle Gesetze je nach Wunsch immer wieder zurechtgebogen werden.

Gesetze beschließen diejenigen, die an bestimmten Positionen sitzen – und sie fragen uns Bürger nicht, ob wir mit dem einen oder anderen Gesetz einverstanden sind. Dies gilt gleichwohl gegenüber den Familien. Ein ernsthaftes Bemühen, Kinder und Eltern in eine menschliche Kultur einzubetten, angenehme Lebensverhältnisse zu ermöglichen, gibt es bislang überwiegend nicht!

Viel mehr wird der Lebensplan der allermeisten Bürger mit dem unausgewogenen Gesellschaftssystem verwoben – allerdings ohne Rücksprache mit ihnen.

Und in dieser nahezu „abgeriegelten" Systemstruktur ist für die Bevölkerung nur ein Minimum an kulturellem Umgang vorgesehen. Schließlich steht ganz oben auf der Leistungsliste, ungeschrieben, dass Kinder und Eltern lediglich funktionieren müssen.

Der Großteil der Jungen und Mädchen erlebt höchst selten, was es bedeutet von Erwachsenen wirklich respektvoll behandelt zu werden.

Es ist nur wichtig, die Kinder an die bestehenden, engmaschigen Gesetze und Regeln anzupassen.

Alles andere erhält den Stempel der Zweitrangigkeit.

Eine natürliche Kindheit wird nur marginal zugelassen. Kinder, die sich im besten Sinne frei entfalten können, deren Grundbedürfnisse sensible Beachtung finden, lassen sich nur schwer in starre Systemregularien pressen.

Die Schulklassen sind nach wie vor mit zu vielen Schülern besetzt, weil einerseits zu wenige Lehrer ausgebildet und eingesetzt werden.

Andererseits aber liegt es schlicht an der fehlenden Empathie seitens der Hauptverantwortlichen, die eben kein Interesse daran haben, möglichst vielen Kindern eine hervorragende Bildung zukommen zu lassen.

Wäre für die Familien, und damit natürlich auch für die Kinder, ernstgemeintes, kulturelles Verständnis vorhanden, gäbe es ganz sicher ausreichend Lehrkräfte.

Die bisherige Bildung in den Schulen begnügt sich damit, den überwiegenden Teil der jungen Menschen nur insoweit zu bilden, dass sie dennoch gut genug für die Arbeit eingesetzt werden können, und dies möglichst ohne lebensnahes Allgemeinwissen. Letzteres ist nicht gewünscht.

Es geht eben noch nicht um die tatsächliche Kultivierung der Gesellschaft. Dazu fehlt den Funktionären noch immer der menschenfreundliche Weitblick.

Das Kulturelle braucht seinen Anfang im täglichen Miteinander, und selbstverständlich beim Umgang mit Kindern.
Fühlbare, verbindliche Empathie, aufrichtiger Respekt, wohlgesonnene Wertschätzung und lebenswirkliche Förderung dürfen nicht länger nur die Ausnahmen sein, sie müssen unser tägliches Leben bereichern.

Kinder und Jugendliche sollten der Spiegel einer aufrichtigen Gemeinschaft sein.

Damit sie genau dazu heranwachsen, brauchen sie ehrliche Vorbilder, die ihnen täglich aufs Neue Menschlichkeit vorleben.

# Kultur und Familie

Liegt nicht in der Familie die Wurzel jeglicher Kultur?

Die Entwicklung von Kultur geht mit der Entstehung von Familien einher, weil es Menschen sind, die das Kulturelle durch ihr Denken und Tun hervorbringen.

Und wer würde etwas als Kultur benennen, wenn nicht wir Menschen?

Doch gäbe es keine Kinder, welche das Aufblühen einer Familie erst zum Wirken bringen, hätte das natürliche, menschliche Leben keinen Bestand und keine Zukunft – womit auch die Kultur ohne Existenz wäre.

So wird deutlich, wie sehr wir alle darauf angewiesen sind, Familien als wichtiges Kulturgut einzuordnen und in diesem tiefen Sinne nachhaltig zu fördern.

Hier ergibt sich auch die Möglichkeit, unsere menschliche Würde als elementare Verbindung zur Kultur sichtbar zu machen.

Da ich bei meinen Ausführungen stets eine substanzvolle Kultur meine, ist es für mich selbstverständlich, dass es sie, die Kultur, ohne Würde nicht wirklich geben kann. Dort, wo es an echter

Würdebeachtung mangelt, zeigt sich Kultur nur aufgesetzt und mehr noch wie verordnet, um für das eine oder andere den Schein zu wahren.

Richten wir jetzt den Blick auf zahlreiche Familien, offenbart sich in diesem Zusammenhang die Missachtung von Kultur und Würde gegenüber dieser menschlichen, existenziellen Quelle unserer Gesellschaft.

Wo Väter und Mütter fast permanent unter Druck stehen, weil sie den unaufhörlichen Forderungen seitens Unternehmer, Behörden und Banken überwiegend hilflos ausgeliefert sind, ist das kulturelle Verständnis für einen menschlichen Lebensstandard nicht vorhanden.

Wer fragt schon danach, wie es in uns Bürgern aussieht und was wir wirklich denken und fühlen?

Der Großteil der Familien kämpft beinahe täglich ums Überleben. Und gerade die letzten Jahre (seit 2020) wurde ein kleinerer Teil der Bevölkerung noch auffälliger privilegiert, sodass die Unterschiede vielerorts sehr offen erkennbar sind, was wiederum zu noch mehr Unzufriedenheit bei den nichtprivilegierten Menschen führt.

Perfide Vorgehensweisen machen vor Familien keinen Halt, sie zerstören sie und damit auch den Zusammenhalt der Gesellschaft.

Wie vordergründig ist es also, beispielsweise verherrlichend von Traditionen und alten Kulturdenkmälern zu sprechen, während Familien im Stich gelassen werden?

Nun, die Verantwortlichen dieser unwürdigen, menschenfeindlichen Abläufe sitzen hauptsächlich in der Berufspolitik und in noblen Büros einiger Konzernchefs. Dort hegt man immer wieder aufs Neue Pläne aus, wie man durch Kontrolle und Kürzungen bei Lohn und Freizeit zu noch mehr Macht und Reichtum kommen kann.

Viele Gewerkschaften, allem voran ihre Vorsitzenden, wurden zu Überläufern, geradewegs hinein in das Spinnennetz derer, für die der Bürger und die Familien nur als Mittel zum Zweck dienen.

Familien bilden zweifelsfrei die Grundbasis von Gesellschaften.

Wer als kultureller Mensch durchs Leben gehen will, muss Familien achten, sie im besten, menschlichen Sinne fördern und jederzeit vor Missachtung schützen.

*Der wahre Sinn unseres Lebens besteht schlicht und einfach darin, die Daseinsreise zwischen Geburt und Tod so würdebeachtend als möglich zu gestalten – und dies im Einklang mit unseren Mitmenschen, den Tieren sowie aller anderen, natürlichen Elemente unserer Umwelt.*

# Kultur und Tiere

Massentierhaltung und kulturelles Verständnis widersprechen sich.

Alleine diese Tatsache zeigt uns, wie falsch und kulturlos mit vielen Tieren, unseren Mitlebewesen, umgegangen wird.

Freuen können wir uns darüber, dass es in unserer Welt nichtsdestominder zahlreiche Menschen gibt, die es mit Tieren wirklich gut meinen.

Was wären wir ohne einen Teil der Insekten, ohne Hühner, Hunde, Katzen, Fische, Rinder, Schweine, Pferde und Vögel?

Ohne diese Tiere, und es könnten weitere aufgezählt werden, hätte sich das Leben auf dieser Erde höchst wahrscheinlich nicht so positiv entwickelt – sehen wir an dieser Stelle einmal von den schier unzähligen, sozialen Missständen ab, die größtenteils mit Absicht herbeigeführt wurden und werden.

Meiner Beobachtung nach ist es einer Vielzahl von uns Menschen meist nicht bewusst, welche immense Bedeutung Tiere für uns haben.

Wundern muss uns dieser traurige Umstand nicht, sind doch die Gesellschaftsstrukturen derartig perfide kalkuliert, sodass es der großen Mehrheit der Bevölkerung kaum gelingt, über den aufgezwungenen Beschäftigungskreislauf hinauszudenken. Die allermeisten Bürger drängte man in Lebensverhältnisse, die ständig kräftezehrende Anstrengungen erfordern – und dies an jedem einzelnen Tag. Damit wird leicht offensichtlich, welche Prioritäten das tägliche Dasein bestimmen.

Das Wohl der Tiere hat keinen Platz in einem belasteten Bewusstsein, dessen Fokus auf die schlichte Erreichung und Sicherung eines Mindestlebensstandards ausgerichtet ist.

Dieser bedenkliche Umstand erhält eine Bestärkung durch die alteingesessenen Medien, die nur selten über das Leid von Tieren berichten. Und auch dort, wo vereinzelt über das Verbrechen Massentierhaltung berichtet wird, fehlen Informationen über Zusammenhänge die, wahrheitsgemäß geäußert, sichtbar machen könnten, dass unsere Gesellschaft keinerlei Massentierhaltung braucht. Es gibt zu viele Fleischprodukte!

Jeder von uns kann die Menge an Wurst- und Schinkensorten in der Fleisch- und Wursttheke sehen. Eine Auswahl an Steaks und Bratenfleisch darf natürlich nicht fehlen ...

Brauchen wir Menschen diese Fleisch- und Wurstberge tatsächlich?

Die Antwort kennen wir eigentlich alle. Und dennoch müssen Tiere großes Leid ertragen.

Wo ist hierbei die so hochgepriesene Kultur?
Wahre Kultur und Schädigendes an Mensch und Tier geht niemals zusammen – es ist ein Widerspruch in sich!

In engsten Käfigen, schmalsten Boxen aus Stahlrohren und in abgeschirmten Hallen zu Tausenden eingezwängt erleiden Gänse, Enten, Hühner, Rinder und Schweine ein leidvolles Dasein.
Sie befinden sich an Orten des Schreckens.
Rinder und Schweine können sich in den sehr beengenden Boxen, die mit möglichst großer Anzahl in die Ställe eingebaut wurden, kaum herumdrehen. Die Hühner können in den sehr engen Käfigen nicht mit ihren Flügeln schlagen, sie müssen Stunde um Stunde an einem Fleck stehen. Das Schicksal von Gänsen und Enten ist ähnlich – in den großen Hallen werden sie zu Tausenden eingesperrt, eng aneinander gedrängt bekämpfen sie sich gegenseitig, um ein wenig Platz zu ergattern. Dabei kommt es zu starken Verletzungen, die aufgrund des hohen Aufkommens von Kot Infektionen hervorrufen.
Es ist der tägliche Horror, den Millionen Tiere fortdauernd erleben müssen!
Obendrein werden die Methoden der Schlachtung in vielen Fällen noch immer nicht nach dem neuesten Stand der Möglichkeiten durchgeführt, da man selbst an diesen sehr sensiblen Stellen

wirtschaftlich vorgeht. Welch eine verheerende Denkweise!

Jeder Mensch, der sich nur etwas ernsthafte Gedanken über diese unerträglichen Zustände macht, weiß, was der wahre Grund für Tierquälerei ist.

Die Ursache für diese Verbrechen ist eine uns allen bekannte Krankheit – Kapitalismus in seiner primitivsten Form, wozu auch Armut, Hungersnöte, Kriege, Obdachlosigkeit, Kinderhandel und Kindesmissbrauch sowie pharmazeutische Verbrechen gehören!

Das Verzehren von Jungtieren, beispielsweise Kalbfleisch mit allen seinen verschiedenen Herstellungsformen, sollten wir gänzlich von unserem Speiseplan streichen.

Wie können wir ein Gemälde als Kultur ansehen und gleichzeitig das Wohl der Tiere missachten? Vielleicht denkt der eine oder andere bei sich:

*Na ja, das geht schon.*

Mit gesundem Menschenverstand hätte solch ein Denken allerdings nichts zu tun.

Wenn es uns wichtig ist, ein Leben mit Kultur zu führen und wir das Kulturelle in uns als natürlichen Bestandteil unserer Persönlichkeit einordnen, wird es allerhöchste Zeit diese wichtige, geistige Einstellung auf unsere Tiere zu übertragen.

Setzen wir uns möglichst oft dafür ein, am besten mit Gleichgesinnten, dass Massentierhaltung bald abgeschafft wird.

Achten wir beim Einkauf im Supermarkt oder in anderen Lebensmittelgeschäften ganz bewusst darauf, welche Produkte auf unseren Tisch kommen sollen und welche eben nicht.

Liebe Leserin, lieber Leser,
bitte reduziere deinen Fleisch- und Wurstbedarf, auch in deinem eigenen Interesse.

Denke bitte daran, dass Tiere Lebewesen sind, die Einengung und Schmerzen fühlen, genau wie wir Menschen.

Wichtig ist zudem, in der Öffentlichkeit über den schlimmen Missstand der Massentierhaltung zu reden. Schaffen wir viel mehr Bewusstsein im Sinne der Tiere – sie sind unsere Mitlebewesen!

Beinahe hätte ich noch etwas Wesentliches vergessen.

Vielen Menschen ist sicherlich inzwischen bekannt, dass vor allem bei der Massentierhaltung regelmäßig „Antibiotika" ins Futter gemischt werden – Ausnahmen wird es geben.

Dieses fahrlässige Handeln ist für Tiere sehr bedenklich, aber auch für uns Menschen, da wir diese starken, chemischen Mittel mit dem Fleisch- und Wurstverzehr in uns aufnehmen.

Mit dieser groben Fahrlässigkeit entstehen im menschlichen Körper Antibiotika-Resistenzen.

Dies bedeutet, dass die Einnahme von Antibiotika bei Erkrankungen, insbesondere bei Bakterienentzündungen, zum Teil oder ganz wirkungslos bleibt, weil sich unser Körper in gewisser Weise an das Antibiotika gewöhnt hat – eben durch das viele Essen von Fleisch und Wurst.

So ist unschwer erkennbar, dass es gleich mehrere, eklatante Gründe gibt, Massentierhaltung baldmöglichst abzuschaffen.

*Du wurdest als Mensch geboren.*
*Deshalb – lebe menschlich,*
*denke menschlich und*
*entscheide menschlich.*

# Kulturelles Verhalten?
## In Unternehmen

Um die Zeit des 18. und 19. Jahrhunderts glaubten sicherlich die meisten Bürger in Europa, endlich eine bessere, gerechtere Zukunft vor sich zu haben. Die schlimmen, nicht selten bestialischen Machtrituale der letzten ca. 4000 Jahre und die des sogenannten Mittelalters schienen der Vergangenheit anzugehören.

Doch der Großadel, der seine weiten Wurzeln in der Antike hatte, wollte seine Machtbesessenheit unter keinen Umständen aufgeben, was genauso für die Verantwortlichen der Kirche galt und gilt. Und während all dieser naiven und arglistigen Verteilungskämpfe wuchs Stück um Stück die Industrie heran, es kam die Zeit der Industr)ealisierung.

Sie erzeugte bei der Bevölkerung, jedenfalls anfänglich, Hoffnung auf ein besseres Leben. Es entstand das Unternehmertum im großen Stil, und zugunsten vieler Großkonzerne sowie der Aktienbörse hat sich dies mehr und mehr vergrößert.

Keineswegs aber vergrößerte sich das kulturelle Verständnis für die Bevölkerung – es wurde und wird nicht einmal angestrebt.

Man gab sich innerhalb von Villen und Schlössern mit einem dünnen Hauch von Kultur zufrieden, abgeschirmt von den Bürgern, die sowieso nur für das Proletariat gehalten wurden.

Hin und wieder fällt hier und da der Begriff Unternehmenskultur. Klingt gut, findet aber in der Praxis nur wenig statt. Wobei sich selbstverständlich eine interessante Frage ergibt: *Was genau soll mit dem Wort Unternehmenskultur gemeint sein?*

Um es gleich vorweg zu nehmen – gerade diese Bezeichnung ist weit interpretierbar.

Wohlwollend möchte ich aus meinen langjährigen Erfahrungen heraus Folgendes zum Ausdruck bringen:

Es gibt Firmen, die versuchen, ein gewisses Maß an kulturellem Umgang innerhalb ihrer Firmenstruktur in die Tat umzusetzen. Solche Unternehmen sind allerdings rar. Diese Besitzer/Inhaber oder Geschäftsführer, ob nun männlich oder weiblich, wagen eine Betriebsführung, die sich nicht selten naiven, neidischen Angriffen von außen ausgesetzt sieht, nach dem Motto:

Wenn doch die breite Mehrheit der Unternehmen ihre Belegschaft mit straffer Hand und einschüchternden Methoden an die Zügel nimmt, sollte es nicht sein, dass manche ausscheren und eine zu menschenfreundliche Firmenphilosophie praktizieren.

Wer sich mit derartigen, mittelalterlichen Geisteseinstellungen auseinandersetzen muss, gerät nach und nach in ein Dilemma – entweder der Herde folgen und Menschlichkeit in die zweite und dritte Reihe schieben oder, nach Würde, Gewissen und Recht handeln, damit sich alle Mitarbeiter auch tatsächlich als Menschen fühlen können.

So ist es fast an der Tagesordnung, dass sich das kulturelle Verständnis für eine echte, humane Betriebsführung auch in solchen Unternehmen nicht lange hält, die zumindest ansatzweise den Versuch unternahmen, menschliche Werte gelten zu lassen.

Daher ist es für nahezu alle Unternehmer nicht allzu schwer, hierbei die in Deutschland ansässigen gemeint, ihre eigenen Interessen mit maximalen betriebsinternen Regeln und Forderungen durchzusetzen.

Ein Verhalten mit menschlich geprägter Kultur gegenüber den Mitarbeitern ist ihnen fremd, schließlich sei man ein Unternehmen und keine soziale Einrichtung – so die ausweichenden, undifferenzierten Aussagen der meisten Firmenbesitzer oder -manager und Geschäftsführer.

An diesem Punkt dachte ich mir zunächst, dass

die bis hierher ausgeführten Inhalte schon ausreichen, um darzustellen, wie unsere Gesellschaft von einem ärmlichen, aber auch arroganten Unternehmerverhalten beeinflusst wird.

Doch drängt es mich, noch einige Zeilen hinzuzufügen.

Der tägliche Umgang mit den Mitarbeitern seitens der Betriebsleitungen in Firmen beruht, bis auf wenige Ausnahmen, auf starre Hierarchieansprüche, die ganz prinzipiell keine Kritik und keinen Widerspruch dulden – weit entfernt von kulturellen und moralischen Grundsätzen.

Nicht der unbedingte Wille nach höheren Umsätzen und Gewinnen trägt dafür die alleinige Verantwortung. Schon während ihrer Ausbildung hatten die künftigen Führungskräfte kaum Vorbilder, weil Kultur und Moral bereits seit langer Zeit stiefmütterlich behandelt werden.

Zahlreiche Unternehmer fühlen sich schlicht nicht dazu veranlasst, ein kulturelles Verständnis für ihre Belegschaft aufzubringen.

Menschen/Mitarbeiter als viel mehr zu sehen als nur eine funktionierende Arbeitskraft, die froh sein soll, überhaupt einen Arbeitsplatz inne haben zu können, steht in aller Regel nicht im Fokus der verantwortlichen Führungsetage.

Stattdessen gelten die obligatorischen, unternehmerischen Gepflogenheiten, welche ausschließlich der sicheren Zukunft des Unternehmens dienen sollen. Derartig egoistisches Denken und Planen wird zudem von Berufspolitikern gestützt, die ihrerseits nur in üblichen, alten Gesellschaftsnormen verweilen.

Auf erschreckende Weise zeigen sich diese kleindenkenden Muster auch in der schon lange bestehenden Spaltung der Gesellschaft – in eine Unter-, Mittel- und Oberschicht.

Alleine damit ist längst verdeutlicht, welches naive Machtgehabe die elitären Kreise bewegt.

Letzteres ist die Folge von fehlender, persönlicher Authentizität, die nach Ersatzbefriedigung ruft.


Mit den Löhnen/Gehältern finden die gleichen, erschwerenden Machtspiele statt.

Der Großteil der Mitarbeiter erhält nur den Lohn, der unbedingt gezahlt werden muss, wie zum Beispiel einen Mindestlohn. Selbst diesen wollen einige Firmen nicht bezahlen. Eine Kultur des Nehmens und Gebens im besten menschlichen Sinne wird unnachgiebig gemieden.

Das Spalten der Gesellschaft ist außerdem insofern gewollt, indem den Bürgern/Mitarbeitern sogar per Vertrag untersagt wird, die Höhe ihres Lohnes mit den Kollegen zu besprechen.

Dieser unerhörte Vorgang zählt dann zu den sogenannten Firmengeheimnissen, die nicht weitergegeben werden dürfen.

Diese absurde Regelung zeigt bei genauerer Analyse eine deutliche Beschneidung der freien Meinungsäußerung! Dass sich die Mehrheit der Bürger solche Maulkörbe anlegen lässt, ist haaresträubend.

Für eine wirklich menschlichere Gesellschaft müssen wir derartige, kulturlose Umgangsformen aus unserem Leben verbannen.

Und wo bleibt die Kultur hinsichtlich der unzähligen Produkte, die vor allem in den großen Firmen hergestellt werden?

Von einer positiven Produktvielfalt kann kaum die Rede sein, denn im Grunde liegt alleine diesbezüglich Vieles im Argen.

Welch einem starken Widerspruch sind wir ausgesetzt, wo es eine Zigaretten- und Rüstungsindustrie geben darf?

Zahlreiche Mitarbeiter sind in Herstellungsprozesse eingespannt, deren Endprodukte vor allem Schaden an Menschen anrichten.

Was haben diese schadenverursachenden Produkte mit einem kulturellen Verhalten zu tun? Nichts, sie stehen in keinster Weise für eine echte, lebensbejahende, menschliche Kultur.

Was hat Fabrikarbeit mit Kultur zu tun?

In seinem Film „Moderne Zeiten" zeigt uns Charlie Chaplin sehr eindrücklich, wie Menschen für die Großproduktion missbraucht werden.

Noch immer wird die menschliche Energie von vielen Tausenden Bürgern dafür verschwendet, um im großen Stil Aktiengewinne zu erzielen.

Wir können davon ausgehen, dass Börsennotierte Unternehmen zuerst das Kapital im Blick haben. Alleine diese festgeschriebene Priorität blockiert ein kulturelles Verständnis für den Umgang mit Menschen/Mitarbeitern, weil diese dem kapitalbildenden Kreislauf eben nur als Mittel zum Zweck dienen.

Für mich hat der ständige Druck, den sich zahlreiche Führungskräfte selbst ausliefern, betreffend der angestrebten und geforderten Aktiengewinne, nicht im Geringsten etwas mit ethisch, moralischer, menschlicher Kultur gemeinsam.

Wer in diesem Zusammenhang ein kulturelles Bild darstellen möchte, hat sich bereits ins Niemandsland begeben, in dem die Zugehörigkeit zu eindeutigen, menschlichen Werten nur schwer erkennbar ist.

Mir liegt keineswegs daran, das Geld oder Kapital an sich zu verteufeln, weil ich weiß, dass beide durch Menschen geschaffen und gesteuert werden.

Meine unüberlesbare Kritik richtet sich hierbei, wie auch bei anderen Schwerpunkten, ganz prinzipiell gegen die betont naive Verwerflichkeit, uns Menschen und damit die Gesellschaft von einem sinnhaften Dasein fernzuhalten. Wir, die Bevölkerung, soll beständig davon abgehalten werden, in ein Kulturverständnis eingebettet zu sein, in dem wir uns im positivsten Sinne weiterentwickeln.

Diese frieden- und harmonieerzeugende Ebene wäre längst erreicht, hätten nicht einige unbedachte, kulturlose Personenkreise alle Mittel eingesetzt, genau dies zu verhindern.

Frieden und Harmonie in der Bevölkerung wie auch unter den Völkern ist für sie undenkbar und keine Option. Schließlich profitieren sie bereits Jahrzehnte und Jahrhunderte von Unfrieden, Not und Kriegen.

Ein für uns alle leicht erkennbares Beispiel sehen wir ohne Wenn und Aber in der Rüstungsindustrie und den dafür verantwortlichen Unternehmern und Berufspolitikern.

Seit langer Zeit schon rechtfertigen sie ihre völlig einseitige Denkweise und ihre menschenfeindlichen Entscheidungen mit auffällig fadenscheinigen Gründen.

Aufgrund ihrer weitverzweigten „Seilschaften" gelingt es ihnen immer wieder, jedenfalls bisher, einen Großteil der Bevölkerung davon zu überzeugen, dass Waffen, Kriegsgerät und Armeen unbedingt nötig seien – dabei erhalten sie Unterstützung durch die alteingesessenen Medien und von Berufspolitikern.

Unaufhörlich erschaffen sie Feindbilder und Bedrohungsszenarien, um ihre Machenschaften als wichtige Maßnahmen erscheinen zu lassen.

## Kriege sind das Gegenteil von Kultur

In einer Gesellschaft, in der es an menschlich motivierter Weitsicht fehlt und das kulturelle Verständnis kaum über den üblichen Tellerrand hinausgeht, neigen Menschen recht schnell dazu, Soldatentum, Kriegsspiele und Waffengeprotze als willkommene Abwechslung anzunehmen.

Es gleicht beinahe der Situation, in der Menschen an Fernsehbildschirmen sitzen und Kriegsfilme ansehen, um Entspannung zu suchen oder Stunden der geistigen Leere zu überbrücken.

Wir befinden uns demnach in einer skurrilen Gesellschaftsatmosphäre, die man immer wieder anheizt.

Die Waffenschmieden, gemeint jene, die z. B. Maschinenpistolen, Granaten, Minen, Panzer, Raketen, Kampfflugzeuge und -schiffe bauen, sind darauf angewiesen, dass es zu kriegerischen Auseinandersetzungen kommt. Doch diese Unternehmensführer befinden sich nicht in der Position, die ausschlaggebenden Entscheidungen zu treffen. Sie benötigen verantwortliche Berufspolitiker, die ihnen zur Seite stehen und ebenfalls bestimmte Ziele verfolgen. Sobald sich dann gemeinsame Ziele erarbeiten lassen, fließen für die Rüstungsindustrie – dazu gehören auch die Zulieferfirmen – Aufträge und Gelder.

Bedenken wir aber bitte, dass jeder einzelne Auftrag an solche Unternehmen gleichzeitig einen erheblichen Missbrauch der Mitarbeiter bedeutet, die ihre menschliche Energie für notbringende Produkte verschwenden. Und bedenken wir weiter, dass der gezielt herbeigeführte Unfriede zwischen Menschen und Staaten große Not und schlimmes Leid verursacht.

Mit Kriegswaffen werden Menschenleben zerstört – ob Soldaten oder zivile Bürger.

Damit diese hier genannten, katastrophalen Zustände endlich ein Ende nehmen, braucht es seitens der Bevölkerung zuerst die klare Einsicht, dass Kriegswaffen und Rüstungsindustrie schädliche, menschenfeindliche Werkzeuge sind.

Wir brauchen weder Feindbilder noch Kriegspropaganda! Wir benötigen die Umsetzung eines menschlichen, kulturellen Verhaltens!

Es ist nicht allzu schwer, das Richtige zu tun, sobald wir Rüstungsindustrie, Armeen und Kriege einem echten kulturellem Verständnis gegenüber stellen.

Wir wurden nicht als Opfer geboren, sondern als kulturelle, soziale Menschen.


## Kultur?
## Fastfood-Lokale

Nicht so drastisch wie krebsverursachender Zigarettenrauch und todbringende Kriegswaffen sind beispielsweise Fastfood-Lokale und Fastfood-Gerichte. Doch auch diese haben nichts mit Kultur zu tun. Meiner Ansicht nach zeigen diese Lokalitäten auf ihre Weise den Zerfall menschlicher Feinsinnigkeit. Die dort schnell zubereiteten Speisen erheben keinerlei Anspruch auf wirklich schmackhafte Gerichte und schon gar nicht auf nährstoffreiche Zutaten.

Hin und wieder tauchen Gerüchte auf, die verlauten lassen, dass mit dem Fleisch, welches den Kunden/Gästen in unterschiedlichen Formen präsentiert wird, anscheinend nicht immer alles in Ordnung sei. Vielleicht stimmen solche Gerüchte nicht, vielleicht aber doch.

Ein wesentlicher Mangel an menschlicher Kultur

offenbart sich auch dort, wo es diese Selbstbe-
dienungskonzepte gibt. Leider erleben wir solche
kulturellen Verfallserscheinungen an vielen Stellen unserer Gesellschaft. Die jeweiligen Mitarbeiter, um nur ein Beispiel zu nennen, die hinter
den Verkaufstheken stehen, sind bereits fremd-
programmiert, nicht alle, aber der überwiegende
Teil, vor allem in den Fastfood-Lokalitäten.

Die Menschen, die als Kunden vor ihnen stehen,
werden nicht mehr als solche gesehen. Es geht
nur darum, die Bestellung möglichst schnell auf-
zunehmen und schnellstmöglich zu bearbeiten.
Zwischenmenschliches, wie das sich Anschauen
oder einen kurzen Smaltalk zu führen, kommt
kaum noch vor – dieses natürliche Verhalten ist
bei vielen Menschen unterdrückt, oder anders
formuliert: Es wurde erstickt, von jenen, die
Menschen als „Objekte" sehen und sie in das
fürchterliche, kapitalischte System drängen.

Inzwischen legten die monotonen Geschäftsge-
nies noch eine Schippe oben drauf, indem sie in
ihren Fastfood-Lokalitäten häßliche Automaten
aufstellten und aufstellen, an welchen die Kunden ihre Bestellung aufgeben sollen.

So ersetzen diese computergesteuerten Kästen
Mitarbeiter, wodurch ein weiterer, auffälliger
Schritt zur gesellschaftlichen Entmenschlichung
in die Wege geleitet wurde.

Selbstverständlich ist dies keinerlei Fortschritt,

es handelt sich dabei um eine organisierte, tiefgreifende Kulturlosigkeit, die von einigen wenigen vorangetrieben wird, deren Individualismus mit hohem Tempo auf die schiefe Bahn geriet.
Für sie ist es Zeitverschwendung, an einer positiven Förderung der Gesellschaft mitzuwirken.
Vielleicht tun sie dieses in ihrem engsten Umfeld, mit einem anderen Gesicht.

So kommt es ihnen auch nicht in den Sinn, trotz ihres äußerst lukrativen Gewerbes, in ihren Lokalitäten eine echte Atmosphäre von menschenzugewandter Dienstleistung zu praktizieren.
Gerne argumentieren sie in diesem Zusammenhang, dass ihre Fastfood-Produkte günstig wären, weshalb sie eben an anderen Stellen sparen.
Doch dieses Argument entspricht keineswegs der Realität – denn ihre nährstoffarmen Produkte sind seit langem schon nicht günstig!
Außerdem müssen sie, aufgrund ihres einfachen Angebots, das in großen Stückzahlen mehr oder minder industriell hergestellt wird, relativ geringe Produktionskosten aufbringen. Obendrein erhalten ihre Mitarbeiter nicht gerade einen angemessenen Lohn, um ihre Lebenshaltungkosten problemlos zahlen zu können.
Jeder von uns sollte sich in Bewusstsein rufen, dass solche Fastfood-Lokale gleichzeitig als Synonym für den umfangreichen Werteverfall unserer

Gesellschaft stehen.

Wo menschliche Werte keine Rolle spielen, kann sich keinerlei sinnvolle Kultur entwickeln – und an diesen ehrlosen Plätzen, die Fastfood-Lokale gemeint, gilt Menschlichkeit als Störfaktor.

# Kultur?
## Fertiggerichte

Man raubt den Menschen ihre Zeit.

Mit Ängsten und Stress stiehlt man ihrem Bewusstsein Energie, um sie den unrechten, verworrenen Gesellschaftsverhältnissen anpassen zu können.

Bei solcher Kulturlosigkeit verliert sich der geschärfte Blick auf das, was mit der eigenen Gesundheit geschieht.

Für die auch mental ausgebeuteten Menschen erscheint das Festhalten an einem Job als wesentlich. Alles andere wird diesem permanenten Energieaufwand untergeordnet. Dabei rutscht der Stellenwert ihrer Ernährung nach hinten. Die wenig übriggebliebene Zeit kann nicht noch mit zeitaufwendigem einkaufen und kochen vertan werden. Eine Falle, die bei vielen Menschen mittel- und langfristig ihre Wirkung nicht verfehlt.

In den Supermärkten erwartet man bereits genau diese Bürger – und es sind viele.

Meterlange Regale und meterlange Kühltheken voller Fertiggerichte freuen sich schon auf ihre Abnehmer, die sich meist in einem Alter zwischen 20 und 40 Jahren befinden.

Dieser traurige Umstand ist eine weitere, gesellschaftliche Fehlentwicklung – weit ab jeglicher, menschlicher Kultur.

Nicht die jungen Bürger sind die Verursacher, sondern hart kalkuliertes Unternehmertum, das in erster Linie hohe Profite verfolgt.

Die verantwortlichen Firmenbesitzer und ihre Geschäftsführer wollen für das Ernährungsbiologische keine Bresche schlagen. Es reicht ihnen völlig, ihre Mixturen schnellstmöglich zu verkaufen. Fertigsuppen in Päckchen, deren Inhalt man nur noch mit heißem Wasser übergießt, und schon ist die Suppe fertig. Ob nun gleich zwei oder drei chemische/künstliche Stoffe und Zucker sowie Fettgehalt in schädlichen Mengen vorhanden sind, spielt keine Rolle – Hauptsache es geht schnell.


Die schier unzähligen Fertigprodukte in Päckchen/Tüten und Dosen stehen für den Niedergang unserer Kultur.

Der angetriebene Mensch isst nebenher – und dabei fühlt er sich auch noch modern.

Die Gesundheit zählt nicht als das Wichtigste, das würde einfach zu viel Zeit kosten.

*Sterben muss jeder* – so klingen Aussagen von überwiegend jüngeren Menschen, deren Gedankengut man bereits indoktriniert hat.

Liebe Leserin, lieber Leser,
aus dieser Falle müssen wir heraus.
Wer glaubt, die Generation Fertiggerichte überwunden zu haben, sollte diejenigen in seinem Umfeld davon befreien, die noch nicht so weit sind.

Kultur und gesundes, gutes, abwechslungsreiches Essen gehören zusammen. Das eine kann es nicht ohne das andere geben.

## Kultur?
## Süßwarenindustrie

Schokolade und Pralinen gehören wohl zu den am meist begehrtesten Süßigkeiten.
Hunderte ähnliche Produkte reihen sich in die Kategorie Süßwaren mit ein.
Unzählige Sorten Schokolade, Pralinen, Bonbons,

Kekse und Eiscreme füllen die immer größeren Regale und Kühltheken in den Supermärkten.

Beim Einkaufen ist es bekanntlich nicht leicht, den süßen Verführungen aus dem Wege zu gehen. Die herstellenden Unternehmen erzielen damit hohe Gewinne.

Bei der umfangreichen Vermarktung von Schokolade und Co. gibt es kaum einen sichtbaren Bezug zu einem kulturellen Verständnis im Sinne der Kunden/Menschen und ihrer Gesundheit.

Das wichtigste Stichwort in diesem Zusammenhang ist für mich Zucker.

Ohne hierbei das Fahrrad neu erfinden zu wollen, die gesundheitliche Schädigung durch Zucker sollten wir bewusst vermeiden1!

Es ist auch keine neue Erkenntnis, dass es gerade in den Industriestaaten viele Gesundheitsprobleme gibt, die man leichtfertig als Zivilisationskrankheiten bezeichnet.

Dort, wo Kultur und damit einhergehend die Gesundheit der Menschen nur als störende Hürden zur Seite geschoben werden, müssen wir Bürger uns endlich klar darüber sein, dass der Kapitalismus weit mehr ist als nur eine finanzielle Spielerei.

Der Mangel an Verantwortungsbewusstsein gegenüber der Bevölkerung, der bei genauerer Analyse in zahlreichen Unternehmen feststellbar ist, macht mich sehr betroffen.

Die nötige Verantwortung ist nur an den Stellen geringfügig vorhanden, wo es darum geht, gesetzliche Regelungen einzuhalten, um den Verkauf ihrer Produkte nicht zu gefährden.

Würden die Unternehmer, Manager und Unternehmensberater tatsächlich auf das Wohl der Bürger achten, hier bezogen auf die Süßwarenindustrie, gäbe es die immense Vielzahl der Süßigkeiten erst gar nicht.

Sie, die Firmenleitungen, würden dann zumindest auch daran arbeiten, die Menge des Zuckers in ihren Produkten schrittweise zu reduzieren.

Warum müssen, um nur ein Beispiel zu nennen, Schokoladentafeln bis zu 57 g Zucker auf 100 g enthalten? Wo ist hierbei der angebliche Fortschritt?

Geht man durch die oft großen Süßwarenabteilungen der Einkaufsmärkte, fällt es sehr schwer, Zuckerreduziertes zu finden. Hierbei sind keineswegs Produkte gemeint, die schädliche Süßungsmittel enthalten. Kurz um – es fehlt der echte Wille, die Gesundheit der Bevölkerung ohne Wenn und Aber zu achten und zu schützen.

So widerspricht der Großteil des Süßwarenangebots jeglicher kulturellen Grundlage.

Dieser traurige Umstand zeigt sich unübersehbar an verschiedenen Krankheiten, die bei zahlreichen Menschen, gerade auch bei Kindern, durch zu viel Zucker und schlechte Fette entstehen.

Diabetes, Zahnkrankheiten, Verdauungsprobleme, Übersäuerung und die Begünstigung von Krebserkrankungen sind in diesem Zusammenhang die häufigsten Folgen.

Soll das die Art Kultur sein, die wir uns vorstellen?

Eine menschliche Gesellschaft, die auf einer natürlichen, gesunden Basis aufgebaut ist, erreichen wir nur dann, wenn auch die Unternehmen und ihre Führungskräfte tatsächlich im Sinne der Menschlichkeit denken und handeln.

## Kultur?
## Dekorationsartikel

Kann seitens vieler Unternehmen in Deutschland von einer sinnvollen, positiven Produktvielfalt die Rede sein?

Eine Rüstungs- und Zigarettenindustrie, Fastfood-Lokale, Fertiggerichte und Süßwaren in einem beinahe wahnwitzigen Übermaß beweisen leider, dass größere Teile des deutschen Unternehmertums bislang kaum Interesse am menschlichen Wohlsein der Bevölkerung zum Ausdruck bringen.

Und die bis hier aufgeführten Schandflecke sind noch nicht alles.

Alleine die riesige Anzahl an sogenannten Dekorationsartikeln sprengen jede Überschaubarkeit.

Sie kommt einer regelrechten Überflutung gleich, sieht man in Geschäften, Internet und Katalogen das ungestüme Angebot – beispielsweise an Porzellan- und Holzfiguren, Schilder jeder Art mit Sprüchen, eine äußerst große Vielfalt bei Postkarten und eine fast dekadente Menge unterschiedlichster Tischdekorationsartikel.

Für mich steht dabei außer Frage – nur die Hälfte all dieser Produkte wäre schon mehr als genug.

Als auffällig sollten wir auch die kulturzerstörenden „1-Euro-Shops" beurteilen, die nicht nur, aber überwiegend, mit unnötigen Produkten ausgestattet sind. Einen Teil davon finden wir zudem auch in Fachgeschäften.

Diese Shops widersprechen auf ihre Weise einer fortschrittlichen Gesellschaft – ihnen fehlt kurzum das kulturelle Verständnis für Niveau.

Damit ist auch leicht feststellbar, welcher Missbrauch mit der menschlichen Energie und den natürlichen Ressourcen vor sich geht.

Diese vielen Artikel/Gegenstände wollen hergestellt sein. Die Menschen/Mitarbeiter, welche dafür ihre körperliche und geistige Energie aufbringen, sind eben jene, die missbraucht werden.

Doch dieser missliche Umstand ist noch nicht alles.

Alleine in Deutschland fehlen in menschlich wichtigen Bereichen Tausende Mitarbeiter, zum Beispiel in Krankenhäusern, Pflegeheimen, für medizinische, ambulante Hilfsdienste, in der Dienstleistungsbranche und im Einzelhandel.

Meiner Einschätzung nach müssten ungefähr 50 Prozent der Mitarbeiter, die Dekorationsartikel herstellen und verkaufen, stattdessen an diesen genannten, sehr relevanten Stellen eingesetzt werden.

Dies gilt in einem noch stärkeren Maße für die Rüstungs- und Zigarettenindustrie, wo zahlreiche Menschen in Herstellungsprozesse eingespannt sind, deren Endprodukte vor allem Schaden an der Bevölkerung verursachen.

Was bitte haben alle diese Produkte und Vorgänge mit kulturellem Verhalten zu tun?

Nichts – denn sie stehen in keinster Weise für eine echte, lebensbejahende Kultur.

Es braucht kein wissenschaftliches Studium, um feststellen zu können, dass viele unternehmerische wie auch berufspolitische Prioritäten seit langem schon falsch gesetzt sind.

Damit ist leicht erkennbar, weshalb wir, die Bevölkerung, kaum vorwärts kommen. Und die letzten Jahre geht es für uns spürbar rückwärts.

Warum sollen wir in dieser für uns sehr nachteiligen Situation bleiben?

Weshalb akzeptieren viele Bürger diese bedrückenden Gesellschaftsverhältnisse?

Schließen wir uns im Sinne eines besseren, freieren Daseins zusammen, damit das große Naturgeschenk – das Leben – nicht vergebens ist.

*Das Niveau einer Gesellschaft*
*zeigt sich im Umgang*
*mit der Menschlichkeit.*

# Kultur?
## Lohngestaltung

Hin und wieder dringen Informationen an die Öffentlichkeit, wenn auch nur selten bei den altbekannten Medien, dass einige Menschen sehr auffällig hohe Gehälter bekommen.

Beispielsweise Vorstandsmitglieder von Krankenkassen und Großbanken, Konzernvorstände und -manager, Berufspolitiker, Fernsehmoderatoren.

Ein Großteil der Bevölkerung erhält, im Verhältnis zu diesen exorbitanten Gehältern, nur ein sehr geringes Gehalt – bei Bürgern Lohn genannt.

Nun, bei diesen fragwürdigen Leistungen zahlreicher Menschen, die in privilegierten Positionen sitzen, wäre die Bezeichnung Lohn oder Belohnung nicht wirklich angebracht, sieht man das gesellschaftliche, menschliche Chaos, welches Viele von ihnen mehr oder minder ständig verursachen.

Gegen die sehr hohen Gehälter, wie sie zum Beispiel für Vorstandsmitglieder bei einigen Krankenkassen gezahlt werden, bis zu 250 000 Euro im Jahr oder, wie man sie zum Beispiel für manche Fernsehmoderatoren und Großbankenvorstände gerne zahlt, bis zu 500 000 Euro und mehr jährlich, würde nichts einzuwenden sein, wenn auch wir Bürger genug Lohn/Gehalt bekämen, um damit mehr Lebensqualität zu erreichen. Ja, mehr Lebensqualität, und überhaupt Lebensqualität!

Viele Menschen, nicht nur in Deutschland, erhalten Löhne, die an Respektlosigkeit kaum zu übertreffen sind.

Sobald es um die Löhne der Menschen geht, die keine Sonderpositionen inne haben, wird beispielsweise schnell von Sparmaßnahmen und fehlenden Aufträgen gesprochen.

Derartige Diskussionen finden im Zusammenhang mit dekadenten Gehaltszahlungen so gut wie nie statt. Die hohen Summen/Gehälter werden gezahlt und in aller Regel spricht darüber niemand – wie angenehm für die Empfänger.

Von einer Kultur im menschlichen Sinne sind wir auch bezüglich dieser starken Unausgewogenheit weit entfernt!

Wo Menschen beinahe schon die Hälfte ihres Lohns alleine für die Miete aufwenden müssen, zeigt sich die Rücksichtslosigkeit der jeweils verantwortlichen Berufspolitiker und Wirtschaftsvertreter ein weiteres Mal sehr deutlich.

In den letzten ca. 10 Jahren (ausgehend von 2025) ließ man die Mieten regelrecht explodieren, nicht aber die Löhne.

Inzwischen gilt es als normal, für einen Quadratmeter Wohnfläche bis zu 15,00 Euro und mehr von den Mietern/Bürgern zu verlangen, selbst in der Provinz.

Viele größere Firmen, ihre Besitzer, Inhaber, Manager, Vorstände oder Aktionäre, werden finanziell jedes Jahr reicher, während ein großer Teil der Bevölkerung ärmer wird.

Eine Gesellschaft, wie man sich dies als Mensch mit gesundem Menschenverstand eigentlich vorstellt, sieht anders aus.

Paradox ist unter anderem, dass damit sogar Witze gemacht werden. Die finanziell gut betuchten schmunzeln über die ärmlichen Bürger und sehen sich als die Gewinner, und die Bürger scherzen über ihre eigene Lebenssituation. Humor ist, wenn man über sich selbst lachen kann. Dies ist keineswegs ein Vorwurf, gar nicht, nur eine nötige Feststellung, um unserer Vorstellungskraft hinsichtlich der schreienden Unverhältnismäßigkeit etwas mehr Schwung zu verleihen.

Bei diesen Erkenntnissen ist es angebracht, und ich schreibe dies in aufrichtiger Demut, allen Mitmenschen wirklichen Respekt entgegenzubringen, die trotz aller Hindernisse, die man ihnen in den Weg legt, täglich versuchen, ihr Dasein möglichst würdevoll zu gestalten!

Der Mehrheit der verantwortlichen Berufspolitiker, der Bankenchefs, Konzernchefs und der Wirtschaftsvertreter fehlt es an Empathie für die Bevölkerung.
Seit langem schon distanzieren sie sich mehr und mehr von uns Normalbürgern. Und wie sollen sie sich dann für eine ausgewogene Lohngestaltung einsetzen, wo sie doch in ihrem eigenen „Käfig" gefangen sitzen, der ihnen den klaren Blick auf das Menschsein versperrt?
Nicht nur einmal, sondern bereits viele Male hat sich auffällig gezeigt, dass wir uns auf diese abgehobenen, elitären Personenkreise nicht verlassen können. Sie streuen uns regelmäßig Sand in die Augen, um erneut Zeit zu gewinnen, für ihre machtpolitischen Pokerspiele.

Jeder Einzelne von uns, oder mit Gleichgesinnten zusammen, sollte sich dafür engagieren, dass es zu einer ausgewogenen Lohngestaltung kommt, damit wir Bürger eine vernünftige, lebenswerte Daseinsqualität erreichen. Diesbezüglich dürfen wir uns nicht weiter einschüchtern lassen, wenn es zum Beispiel darum geht, offen über den Lohn zu reden. Es handelt sich bei dem Verbot, nicht über seinen Lohn zu sprechen, um eine menschlich <u>nicht</u> haltbare Regelung!

Dass es überhaupt zu solchen „Maulkörben" kam und kommt, hat wiederum mit dem Handeln der verantwortlichen Berufspolitiker zu tun, und zwar insofern, dass sie nichts dagegen unternehmen.

So kann der überwiegende Teil der Firmen/Konzerne im Grunde tun und lassen, was er will.

Die Gewerkschaften sind leider, bis auf sehr wenige Ausnahmen, nicht mehr das, was sie früher einmal waren. Viel zu oft gehen sie mit den Unternehmensleitungen und Vorständen auf eine Linie. Die eigene berufliche Sicherheit ist ihnen meist wichtiger als das Wohl der Mitarbeiter.

Weshalb lassen sich zahlreiche Mitarbeiter immer wieder einreden, man könne nicht mehr Lohn zahlen?

Viele größere Unternehmen investieren fast am laufenden Band – wieder ein neues Werk, und wieder eine neue Filiale. So geht das Jahr für Jahr. Aber für die Mitarbeiter, ohne die es diese Firmen gar nicht gäbe, sei nicht genug Geld vorhanden …

Es wird also auch in dieser Hinsicht allerhöchste Zeit, wach zu werden! Nicht als Einzelkämpfer, sondern gemeinsam mit anderen eröffnen sich die besten Chancen Forderungen zu stellen.

Wer glaubt, dass er gegenüber der Firma, den Managern oder der Personalabteilung stets mit Demut und Unterwürfigkeit auftreten sollte, um zu seinen Rechten zu kommen, irrt sich in aller Regel.

Ständig Überstunden leisten bedeutet, nicht genug Zeit für sich selbst zu haben, um das eigene Leben gut zu organisieren und dabei auch echte Lebensqualität zu verspüren

Liebe Leserin, lieber Leser,

es ist mehr als offenkundig, dass du dich für mehr Lohn, mehr Gerechtigkeit und eine gute Lebensqualität beharrlich einsetzen musst.

Schreibe dir beispielsweise alle Ungereimtheiten auf, welche dir in der Firma begegnen.

Überlege in Ruhe, mit welchen du dich arrangieren kannst und mit welchen nicht.

Sehe dich nicht als „kleinen Bürger", erkenne viel mehr, dass du das natürliche Recht auf ein würdevolles Leben hast!

Versuche mit möglichst vielen Kolleginnen und Kollegen regelmäßig ins Gespräch zu kommen, redet dabei auch offen über euren Lohn.

Zeigt Zusammenhalt, aber ohne bedrohlich zu wirken. Strebt gemeinsam nach einem besseren, sinnvolleren Dasein – damit tut ihr Vieles für euch und gleichsam für die Gesellschaft.

*Es ist das Gegenteil von ehrenvoll, Arbeitsplätze zu schaffen und anschließend mit den Mitarbeitern, welche die Leistung erbringen, nicht wertschätzend umzugehen.*

# Kulturelles Verhalten?
# Berufspolitiker

Für mich ist ein Berufspolitiker ein Mensch, der sich beispielsweise in Deutschland und als Mitglied einer Partei hauptberuflich damit beschäftigen darf, dies in Zusammenarbeit mit anderen Berufspolitikern, unter anderem allgemeinverbindliche Gesetze zu beschließen.

Ein kulturelles Verständnis im menschlichen Sinne gibt es für sie in der Regel nicht. Es ist ihnen im Großen und Ganzen fremd, der Bevölkerung mit echtem, niveauvollem, kulturellem Verhalten zu begegnen – und schon gar nicht auf Augenhöhe, obwohl sie von den Bürgern gewählt wurden.

Weit distanziert kommt es ihnen, gemeint die Mehrheit der Berufspolitiker, gar nicht in den Sinn, uns Bürger als das wichtigste Kulturgut zu erkennen, geschweige denn entsprechend positiv mit uns umzugehen.

Ihr kulturelles Verständnis beschränkt sich auf ihre obligatorischen Besuche bei Amtskollegen oder Einladungen zu diversen Veranstaltungen.

Ihre Entscheidungen beruhen kaum auf Objektivität und Wahrheit, viel mehr darauf, ihre Positionen und üppigen Privilegien abgesichert zu wissen. Sie ließen sich in einen „Teufelskreis" einspannen, der sie sozusagen übergeordnet steuert.

Die Ängste, der im Hintergrund agierenden Strippenzieher vor Machtverlust, werden eins zu eins auf sie, die sichtbaren Berufspolitiker, übertragen und gelten als Auftrag dafür, die bestehenden, unrechten Gesellschaftsstrukturen so zu belassen, wie sie mehr oder minder seit jeher sind.

Aus Sicht der „im Dunklen" sitzenden, egozentrischen Bürgerverächter wäre es höchst fahrlässig, der Bevölkerung einen Finger zu reichen.

Mit dem Volke darf es zu keiner kulturellen Verbindlichkeit kommen, da Kultur, selbst in Kleinem, einen Anspruch auf ein gewisses sittliches Niveau erwartet.

Was wäre, wenn die Bürger zu wirklich mündigen Menschen gedeihen könnten?

Die finanziellen Reichtümer der Verursacher, also jenen, die regelmäßig für Sorgen, Not und Leid verantwortlich sind, und ihr auf Sand gebautes Prestige, könnten in Gefahr geraten ...

Aus der Ferne steuern sie, welche Parteizöglinge in die jeweiligen Ministerien einziehen. Und selbstverständlich sind es dann genau diese, welche uns Bürgern willkürlich vorschreiben, was wir zu tun haben und was wir nicht dürfen.

Kurzum, diese oligarchischen Verhältnisse sind

von einer Kultur der Menschlichkeit weit entfernt.
Wer Sitzungen und Entscheidungen unter Ausschluss der Öffentlichkeit vollzieht, hat ohne Wenn und Aber etwas zu verbergen!

Alleine an dieser gewohnten Praxis seitens der Berufspolitiker, ist deutlich wahrzunehmen, dass es überhaupt nicht um das Wohl der Bevölkerung geht.

Nun, es sind wir Bürger, die sich für ein sichtbares, kulturelles Verhalten stark machen müssen.

Jeder von uns ist aufgerufen, die groben, meist verletzenden Umgangsformen und Gesetze der verantwortlichen Berufspolitiker und ihrer Berater beharrlich zurückzuweisen.

Was wir dringend brauchen ist ein würdebeachtendes, menschliches Kulturverhalten, das unsere Lebensqualität im besten Sinne stützt.

Wir alle haben das natürliche Recht auf eine Weltgemeinschaft, in der die Menschlichkeit an erster Stelle steht.

Niemand sollte dieses sinnvolle, ethisch wichtige Bedürfnis klein reden.

Und niemand darf die Befugnis haben, dies auf die eine oder andere Weise zu unterbinden!

# Kultur?
## Kriegswaffen - Kriege

Es fällt mir nicht leicht, Tötungsgeräte mit Kultur in Verbindung zu bringen.
Umso mehr sollten wir uns die Tatsache vor Augen führen, wie tief einschneidend unser Leben durch Kriegsraketen, Granaten, Maschinenpistolen, Tretminen, Panzer, Drohnen, Kriegsschiffe und Kampfflugzeuge beschädigt wird.

Instinktiv spüren und wissen wir, dass es dabei um einen besonders starken Widerspruch zu unserer Menschlichkeit geht.
Die vielen Beispiele, welche hervorgebracht werden, um mit Nachdruck beweisen zu können, dass wir Menschen eine gewalttätige Spezies seien, entstammen aus üblichen Denkmustern, die nicht genug differenzieren, es auch nicht wollen.
Man will einfach nicht an das Gute, an die angeborene Gewaltlosigkeit glauben.
Doch gibt es ausreichend Beispiele, die klar aufzeigen, dass es immer nur einzelne Menschen und kleine Gruppen waren und sind, die den sinnlosen Gewaltkreislauf in Gang bringen.
Mit Kultur lässt sich im Allgemeinen nicht das

große Geld scheffeln. Und mit kulturellem Verhalten ist es unmöglich, Millionen von Menschen und ganze Völker zu unterdrücken und in Angst zu versetzen, damit man sie für perfide, bösartige Machtspiele ausbeuten und missbrauchen kann.

Es ist leicht erkennbar, dass es bei Kriegspropaganda, Rüstungsindustrie und Kriegen nicht im Geringsten um Kultur geht.

Ohne jeden Zweifel – die äußerst verwerflichen Entscheidungen, die Tötungs- und Verstümmelungsrituale nach sich ziehen, werden von kaltherzigen, parlamentarischen Entscheidern und Verantwortlichen des Militärs sowie der Rüstungsindustrie gefällt.

Sie schieben die für uns Menschen existenzielle Würde und das damit zusammenhängende, kulturelle Leben völlig zur Seite. Aus Sicht solcher naiven Kriegstreiber ist dies selbstverständlich.

Sie könnten ihre brutalen Schandtaten nicht ausüben, würden sie menschlich und kulturell denken. Warum aber lassen es zahlreiche Bürger zu, dass kaltherzige Führungskräfte in wichtige Positionen gelangen?

Nach wie vor lassen sich viele Menschen einreden, durch einige Berufspolitiker, Fernsehberichte, Radio, Zeitungen und entsprechend geformte Internetschlagzeilen, dass es stets einen militärischen Feind gäbe, der jederzeit angreifen könnte – in unserer Gegenwart soll es vor allem Russland sein.

Wer sich allerdings mehrseitig informiert, den Weg des Gewohnten verlässt, wird früher oder später fündig ...

Kriegsrhetorik, Kriegspropaganda und die Verherrlichung von Kriegswaffen aller Art gehören seit langem zum Handwerkszeug, um die eigene Bevölkerung in einen Dauerzustand von Angst und Gehorsam zu drängen.

In diesem bedrückenden Nebel voller Zweifel und Ängste rückt das Beachten für eine kulturgeprägte Lebensqualität in den Hintergrund.

Die auf diese Weise mürbe gemachten Bürger, auch mit Hilfe anderer Perfiditäten, ergeben sich mehr oder minder ihrem Schicksal, während die Verursacher, die Peiniger und Kriegstreiber, ihre Privilegien weiter festigen und ausbauen.


Im Sinne der Menschlichkeit und eines Daseins mit Würde, ist es dringend nötig, dass die Bevölkerung endlich wach wird!

Sagen wir deutlich Nein zur Kriegswaffen-Aufrüstung, und sagen wir eindringlich und beharrlich Nein zu jeder Art Krieg!

# Kultur?
## Der Soldat

Ich schreibe hier nicht von Roboter-Soldaten, die zum Leidwesen von uns allen künstlich/technisch konstruiert werden, und dies nicht um des Friedenswillen.

Soldaten sind Menschen – echte Menschen aus natürlichen Körpern, natürlichen Emotionen und wunderbaren, sensiblen Sinnesorganen, Bürger wie wir alle, oder doch nicht?

Was geschieht mit den vielen jungen Männern und Frauen in den Kasernen, sozusagen unter dem Ausschluß der Öffentlichkeit?
Für einen größeren Teil von ihnen erscheint die Kaserne und die Armee, ob im Heer, der Luftwaffe oder zur See, als willkommener Schutz vor dem sonstigen, bedrückenden Alltagsleben, schließlich hat man dort seinen sicheren Job und der Sold/Lohn ist monatlich gesichert.
Doch andererseits müssen die überwiegend jungen Bürger dafür einen ganz bestimmten Preis bezahlen. Sie müssen sich einer sehr strengen, hierarchischen Kommandostruktur gänzlich un-

terordnen. Befehl und Gehorsam werden zum täglichen Brot/Prozedere.

Der eigene Verstand wird nicht selten als Störfaktor wahrgenommen. Selbstständiges Denken könnte dem Armeewesen nicht gut tun, weshalb es scheinbar dringend nötig wäre, bereits Ansätze von ernsthaft hinterfragenden Gedanken, insbesondere, wenn diese offen ausgesprochen werden wollen, entweder zu bagatellisieren oder schlicht nicht zuzulassen.

Doch warum gibt es diese äußerst strengen Anordnungen?

Bei genaueren Analysen fällt unmissverständlich auf, dass die Soldaten und die Armee in aller Regel vor der Bevölkerung abgeschottet werden.

Nur in Ausnahmefällen wird es der Allgemeinheit gestattet, einen vordergründigen Blick auf beispielsweise einige Kasernenbereiche zu richten.

Ein weiterer, springender Punkt ist die Gesundheit der jungen Soldaten, ob Männer oder Frauen. Zweifelsfrei muss jedem Soldaten, der zuerst ein Mensch ist, das Recht zustehen, über seine persönliche Gesundheit selbst zu entscheiden!


Was geht mit den Soldaten hinter den Zäunen von Kasernen vor sich?

Unschuldige, anständige junge Männer und Frauen, die ihr ganzes Leben noch vor sich haben, werden mit Nachdruck in ein sehr enges, festzementiertes Programm gesteckt, um sie regelrecht zu erziehen, an Befehl und Gehorsam zu gewöhnen.

Es ist ein Training, das aber keines ist, sondern ein Erziehungsvorgang nach dem Motto: *Sei froh, dass du hier sein darfst, also gehorche.*

Warum das alles?

Damit die erzogenen Soldaten für die inszenierten Kriege widerspruchslos funktionieren, ihr eigenes Ich aufgeben, um für die Verursacher ihr Leben zu opfern.

Und wer nicht funktioniert, wer das Armeesystem Befehl und Gehorsam als Soldat nicht als sinnvoll erachtet, weil es zum Beispiel um die eigene Gesundheit oder um das Leben anderer geht, wird degradiert, ausgeschlossen oder muss sich gar vor Gericht verantworten.

Das System Befehl und Gehorsam ist aus meiner Sicht unnatürlich, widersinnig und widerspricht einer offenen, freien Gesellschaft völlig, nichts anderes ist es mit den inszenierten Kriegen.

Wenn man bewusster auf unsere Gesellschaft blickt, wird deutlich, dass wir in einer unnatürlich aufgeblasenen Welt der Wirtschaftsbosse, der Berufspolitiker und des Hochadels leben.
Wir brauchen jedoch eine authentische Welt der Völker und des Friedens!

# Kultur?
## Diese Andersdenkenden
### Mit etwas Satire

Wer sind diese Menschen, die ein wenig anders denken als die Mehrheit?

Gibt es von ihnen schon eine zusammenfassende Liste?

Man muss ihren Ruf schädigen.

Nützlich ist auch, wenn man ihre Privatsphäre in den Schmutz zieht.

Sie, diese andersdenkenden Menschen, sie gefährden ungezügelte Eitelkeiten, Illusionen, üppige Privilegien, Prestigegehabe und Machtphantasien.

Es geht nicht darum, dass sie es sind oder wären, welche die Gesellschaft positiv bereichern könnten – so zu denken oder zu handeln wäre edel, ist aber nicht gewollt.

Entscheidend ist die Gefahr, die von ihnen ausgeht.

Ihr Andersdenken gefährdet Seilschaften, Korruption, Vertuschung und Unrecht, das mit dem Deckmantel des Fortschritts fast täglich stattfindet.

Weshalb sitzen die Andersdenkenden in aller Regel nicht an wichtigen Entscheidungspositionen?

Weil sie das gewöhnliche Wirrwarr erkennen und couragiert bei klarem Verstand bleiben.

Sie würden die bereits lange bestehenden, tückischen Machenschaften in vielen Lebensbereichen enttarnen und menschlichere Entscheidungen treffen.

Doch eine Mehrheit in der Gesellschaft hat regelrecht Angst vor wirklichen Veränderungen.

*Lieber das alte Schlechte, aber Gewohnte ertragen, als sich mit der Unsicherheit des Neuen auseinanderzusetzen.*

Ängste sind etwas Normales. Wenn sie allerdings unseren Verstand benebeln und damit nötige, positive Veränderungen blockieren, schöpfen wir unsere Lebensmöglichkeiten nicht aus.

Dann verharren wir weiterhin „in einem engen Rahmen", der uns immer wieder von außen auferlegt wird.

Dieser enge Rahmen aber erzeugt beinahe ständig Sorgen, Not und Leid! Deshalb – treten wir aus diesem begrenzten Rahmen heraus, um verletzende Unausgewogenheiten sowie Unrecht zu verdrängen!

*Wir Bürger sitzen alle*
*im selben Boot.*
*Im Sinne der Menschlichkeit*
*sollten wir in die gleiche*
*Richtung rudern.*

# Kultur?
## Fortschritt ...

Wenn ich auf die gesellschaftlichen Vorgänge blicke, kann ich leider nichts von einem Fortschritt sehen, obgleich wir doch schon im Jahr 2025 leben.

In Momenten solcher erneuten Ernüchterungen geht es mir nicht gut, so, wie dies sehr wahrscheinlich auch viele Menschen regelmäßig erleben.

Von welchen Fortschritten wird des Öfteren gesprochen? Und wer verkündet diese vermeintlichen Fortschritte?

Es fällt auf, dass es die immerselben Personenkreise sind, welche versuchen, sich mit dem Begriff Fortschritt in den Mittelpunkt zu stellen und den Bürgern gleichzeitig eine rosarote Brille aufzusetzen.

Doch bleiben wir möglichst objektiv.

Tatsächlich gibt es einige Dinge, die wir als fortschrittlich bezeichnen können. Denken wir zum Beispiel an das Telefon, die Glühbirne, das Auto, den Druckerapparat, das Fernsehen, die Schreibmaschine, die Waschmaschine und den Computer. Diese Dinge, diese Erfindungen, sofern sie wirklich sinnvoll eingesetzt werden, ermöglichen zweifelsfrei eine gewisse Erweiterung unserer physischen und psychischen Tätigkeiten und bieten teilweise eine Erleichterung der Informationsweitergabe.

Was aber geschah beispielsweise mit dem Fernsehen?
Diese ursprünglich fortschrittliche Technik hätte für die gesamte Gesellschaft, weltweit, eine menschlich zusammenführende Aufgabe erfüllen können. Anfangs schien es auch so.
Allerdings gewannen alte, ängstliche, machtbesessene Gedanken schnell die Oberhand und üben bis heute ihren negativen Einfluss auf die Programmgestaltung aus.
Die herkömmlichen Fernsehprogramme, dazu gehören längst auch die sogenannten Privatsender, bringen für die Bevölkerung keinerlei echte, lebensqualitätsverbessernde Informationen.
Filme, deren Inhalt sich konkreter mit Menschlichkeit und Gerechtigkeit befasst, werden nur sehr selten ausgestrahlt. Talksendungen sind in aller Regel auf eine Weise zusammengestellt, die praktisch kaum Zweifel an den bestehenden Gesellschaftsabläufen zulassen – kritische Meinungen lässt man nur in wenigen Ausnahmen zu.

Wer die einseitig gestalteten Fernsehprogramme ansieht, sitzt direkt vor einer Schablone. Diese verhindert den Blick auf die Hintergründe und sorgt dafür, dass die Zuschauer oder Zuhörer (Radio) die wirklichen Zusammenhänge nicht erkennen. Damit fehlen dem Großteil der Bevölkerung eine Menge an wahrheitsgemäßen Informationen. Abgesehen von diesen bürgerverachtenden Umständen ist es wichtig, zu wissen, dass beispielsweise im Vorstand oder im Aufsichtsrat der größten Mainstreamsender in Deutschland, Berufspolitiker aus den Altparteien sitzen und das Programm maßgeblich mitbestimmen.

Das Ergebnis dieser fatalen Einflussnahme spiegelt sich schließlich in der sehr einseitigen Bericht- und Programmgestaltung wieder, von Fortschritt meilenweit entfernt.


Wo ist der Fortschritt in Pflegeheimen und Krankenhäusern? Fehlanzeige! Insgesamt geht es rückwärts (Stand 2025).

Bei einzelnen, operativen Eingriffen gibt es Fortschritte. Aber ansonsten zeigen sich seit Jahren starke Verschlechterungen beim Umgang mit Menschen/Patienten – sowohl im Pflegebereich in Pflegeheimen als auch bei der pflegerischen Behandlung in Krankenhäusern.

Der ältere Pflegebedürftige, der Patient, wird nicht als kulturelles Wesen, nicht als Mensch eingeordnet. Er ist seit langem degradiert – zur Nummer und würdelosen Kreatur, die in erster Linie den Zweck erfüllen soll. Von diesem Regelzustand gibt es einzelne Ausnahmen.

Ich möchte hier auch nicht vergessen, was ich oft von Angehörigen oder direkt betroffenen Heimbewohnern und Patienten über die täglichen Mahlzeiten erzählt bekomme. Die Aussagen sind nahezu immer die Gleichen: *Schlechte Qualität, kaum Abwechslung und lieblose Anrichteweise.*

Selbstverständlich, auch hierbei gibt es Ausnahmen, aber eben nur Ausnahmen.

Jeder von uns weiß, dass gutes Essen, welches dazu mit Liebe angerichtet wurde, motivierend auf unsere psychische Stimmung wirkt, was sich wiederum auf das körperliche Befinden überträgt. Diesbezüglich ist es eine absolute Respektlosigkeit gegenüber Patienten und Menschen, die auf Pflege angewiesen sind, indem die Krankenkassenbeiträge so hoch sind und die Kosten für die Heimunterbringung mehr oder minder einem Wucher gleich kommen.

Immer weniger Mitarbeiter sollen viele Menschen pflegen, betreuen und behandeln, während beispielsweise fast ständig Werbung für den Eintritt in die Bundeswehr gemacht wird.

Die Prioritäten sind unverkennbar falsch gesetzt, und dies mit Absicht!

Solche völlig unnötigen, menschenrechtsverletzenden Verhältnisse finden statt, weil bestimmte Personenkreise kranke, ideologische Ziele verfolgen!

Die Bevölkerungen sollen noch weiter in den Hintergrund gedrängt werden. Soziales, moralisches Denken und Handeln gilt als Störfaktor und wird an zahlreichen Stellen unterdrückt und sogar bekämpft.

Einen menschlichen, sinnvollen Fortschritt gibt es gegenwärtig (2025) nicht.

Allerdings ist eine hoffnungsvolle Entwicklung zu beobachten, die sich früher oder später durchsetzen könnte.

Natürlich hängt sehr viel davon ab, ob es tatsächlich gelingt, einen größeren Teil der Bürger besser, wahrheitsgemäßer zu informieren!

Dies wiederum liegt auch in der Verantwortung jedes Einzelnen.

Wer dies unterschätzt, verschwendet Chancen.

Wir müssen den menschlich moralischen Fortschritt einfordern – im Kleinen wie im Großen!

*Solange in einer Gesellschaft von einer Elite gesprochen wird als sei dies etwas Besonderes, werden Bürger mit Geringschätzung konfrontiert sein.*

# Kultur?
# Menschenbild

Als völlig normal ist es zu bezeichnen, dass wir Menschen uns allgemeine Gedanken über unsere Mitbürger machen. Dabei geht es um spontane und im Unterbewusstsein festgelegte Gedanken.

Zweiteres ist maßgeblich dafür verantwortlich, wie wir Mitmenschen beurteilen. Dort, in unserem Unterbewusstsein, liegt der natürliche Speicherplatz, auf dem unzählige Worte, Aussagen, Lerninhalte, Erlebnisse und Verletzungen jeder Art sowie verschieden ausgeprägte Ängste fest gespeichert sind.

Inzwischen ist es weitestgehend bekannt, dass die Bildung unseres Gedankengutes und des Charakters bereits recht früh in der Kindheit seinen Anfang nimmt.

Die äußeren Einflüsse spielen eine entscheidende Rolle für unsere gesamte Entwicklung, vor allem für die mentale. Und auf diese Weise entsteht ein Menschenbild in uns.

Wer ehrlich zu sich selbst ist, wird beim Nachdenken bemerken, welche festgelegten Meinungen und Vorstellungen über andere Menschen in ihm selbst vorhanden sind.

Es geht hierbei keineswegs um gut oder böse.
Wir müssen uns aber darüber im Klaren sein, dass jeder unter uns seine Prägungen in sich trägt.

Insgesamt ist es für jeden Einzelnen und die Gesellschaft dringend nötig, das bestehende, allgemeine, missgünstige Menschenbild ins Positive zu verändern.

Diesbezüglich stelle ich nun einige Fragen:

Wieso akzeptiert der Großteil der Menschen, dass man die Bevölkerung immer wieder in Gesellschaftsschichten (Unter-, Mittel- und Oberschicht) aufteilt?

Weshalb wird vielen mittellosen Familien obligatorisch unterstellt, sie könnten einfach nicht mit Geld umgehen?

Warum wird pauschal angenommen, dass diejenigen, die kein Studium absolvierten, unwissend seien?

Wieso soll Homosexualität etwas Schlechtes sein?

Warum werden Menschen als „faul" bezeichnet, sobald sie nicht mehr in einer Firma arbeiten?

Wieso verurteilt man alkoholkranke Menschen als Säufer?

Weshalb sollen obdachlose Bürger an ihrer prekären Lage selbst schuld sein?

Ist es wirklich nötig, anderen Menschen grundsätzlich erst einmal Unehrlichkeit zu unterstellen?

Warum gelten jene, die Bürgergeld benötigen, als Menschen zweiter und dritter Klasse?

Wieso wird oftmals nur die Kleidung oder das Auto gesehen, und nicht der Mensch?

Leider könnte ich hier noch weitere Fragen stellen.

Es fällt mir nicht leicht, die zahlreichen, unterschiedlichen Vorurteile als solche zu beschreiben, weil ich es eigentlich nicht fassen kann, welches Chaos unter uns Menschen vor sich geht.

Die negativen Menschenbilder, die in den Köpfen eines größeren Teils der Bevölkerung vorhanden sind, führen zweifelsohne zu einer Menge Missverständnisse, Missgunst, Geringschätzung und Neid. Seelisches Bedrücktsein, Sorgen und Not werden damit zu ständigen Begleitern.

So ist es unübersehbar, dass im Sinne der Menschlichkeit und eines kulturellen Verhaltens noch sehr viel Aufklärungsarbeit stattfinden muss.

Gegenwärtig sollten wir uns auf die positive Mitwirkung von Berufspolitikern und Wirtschaftsleuten nicht verlassen.

Hätte die Bevölkerung nicht immer wieder auf Hinweise und Anordnungen von oben gewartet, und sie tut es noch, gäbe es das nötige Umdenken längst.

Stattdessen werden die Menschen stets aufs Neue mit absichtlich geschaffenen Problemen beschäftigt und abgelenkt, in vielen Fällen gegeneinander aufgebracht.

Wir stecken also fest – oder nicht?

Seit 2020 wurde es sogar noch schlimmer, es geht rückwärts.

Die Feindseligkeiten zwischen Menschen nahmen zu, dafür wurde und wird gesorgt.

Warum sollen wir das hinnehmen?

Weshalb lassen sich Viele gegen ihre Mitbürger aufbringen?

Dies müssen wir schnellstens ändern – in die andere, positive Richtung denken und handeln!

Jeder von uns sollte sein Menschenbild gegenüber anderen regelmäßig überprüfen, auch in seinem eigenen Interesse.

Liebe Leserin, lieber Leser,
bitte denke daran - es geht um sehr viel,
und ganz besonders um die Menschlichkeit.

Die Missgunst, welche zahlreiche Menschen mit sich tragen und die sie einem Teil ihrer Mitbürger aufladen, ob durch ungerechte Entscheidungen, üble Nachrede oder Gewalt, hat ihre Ursache sowohl in der ethisch, moralischen Leere des gesellschaftlichen Zusammenlebens als auch in der Verweigerung, Grundbedürfnisse, wie zum Beispiel Geborgenheit, Zuneigung und Anerkennung, als solche ernst zu nehmen.

# Kultur?
## Obdachlosigkeit

Bei diesem Kapitel fällt es mir nicht leicht, schon mit den ersten Zeilen die richtigen Worte zu finden.

Liebe Leserin, lieber Leser,
bist du dir bewusst, was Privatsphäre für dich und deine Mitmenschen bedeutet?
Geben wir es zu – während unserer täglichen Beschäftigungen und dem beinahe permanenten Druck, den wir von einigen Seiten auferlegt bekommen, machen wir uns normalerweise kaum Gedanken über unsere Privatsphäre, obwohl sie für jeden Einzelnen sehr wichtig ist.

Stell dir vor, frühmorgens öffnest du deine Augen und möchtest nach dem Aufstehen zur Toilette gehen – doch da ist keine.
Stattdessen liegst du im Freien, hast dabei noch etwas Glück unter einer Brücke zu sein, die sich am Stadtrand befindet. Obdachlosigkeit in ihrer Reinform – welch eine Gesellschaftskultur, die von menschlichen, kulturellen Errungenschaften weit entfernt ist.

Warum lässt es eine Gesellschaft zu, dass Mitmenschen in die Obdachlosigkeit gedrängt werden?

Weshalb führen Mitarbeiter in Behörden entscheidende, negative Schritte aus, die ihre Mitbürger letztlich ohne Wohnung dastehen lassen?

Wieso wenden verantwortliche Berufspolitiker derartig massive Druckmittel gegenüber der Bevölkerung an?

Wo bleibt die menschlich moralische Verantwortung für Mitmenschen?


Eine Mehrheit in Deutschland befasst sich zu gerne mit einseitigen Schuldzuweisungen.

Es ist ja so einfach, Menschen, die man persönlich nicht näher kennt, als „faul" zu verurteilen, und schon ist alles gesagt, man kann zur Tagesordnung übergehen ...

Solches vordergründige Denken und Verhalten geht mit der vielbesagten Leistungsgesellschaft einher – dieser bohrende Missstand ist als Eingangstor für weitere Missstände bestens geeignet.

Das Alibi, *die Tafeln tun doch etwas,* überzeugt nachdenkende Menschen keineswegs.

Es kommt schlicht einem Verschiebebahnhof gleich, menschliche Not so leichtfertig abzutun.

Ersetzen „die Tafeln" eine Privatsphäre?

Die Antwort brauche ich hier nicht extra zu beschreiben.

Ein weiterer Alibi-Gedanke, den ich hier und dort höre, ist: *Ach, die Obdachlosen können doch in städtischen Unterkünften übernachten.*

Ersetzt eine vorübergehende Unterkunft mit meist zwei bis drei weiteren Menschen in einem Raum (Zimmer möchte ich nicht schreiben), die wichtige Privatsphäre?

Und wenn wir uns dazu noch vorstellen, dass ein obdachloser Mensch erkrankt, gelangen wir, sofern nicht schon alle unsere Gefühle eingeschläfert sind, in eine äußerst bedrückende Gedankenwelt, die uns selbst fragen muss, wie es zu solchen, menschlich brutalen Vorgängen kommen kann – zur Obdachlosigkeit und allen damit einhergehenden, schmerzvollen Auswirkungen.

## Wo ist dieser angebliche Fortschritt??

Es ist pure Heuchelei, in einer Gesellschaft von Kultur und Traditionen zu reden, wo gleichzeitig Tausende Mitbürger der Obdachlosigkeit ausgesetzt wurden und werden!

Wenn eine Gesellschaft nicht als Ganzes im Sinne der Menschlichkeit funktioniert, funktioniert sie gar nicht.

Und genau in diesem illusionären, kranken Zustand befinden wir uns alle!
Mit Augen zu und durch fährt man früher oder später nur gegen die Wand. Und auch dies ist in der Welt, wie auch in Deutschland, längst geschehen.

Die Obdachlosigkeit von Menschen ist ein deutliches, sichtbares Zeichen für das völlige Versagen der jeweils verantwortlichen Berufspolitiker und letztlich der gesamten Gesellschaft.
Leider schließen sich noch immer sehr viele Menschen den egozentrischen, einseitigen Entscheidungen der selbsterklärten Elite an.

Erst wenn der gesunde Menschenverstand als wichtig und existenziell erkannt wird, können Missstände wirkungsvoll zurückgedrängt werden.

Obdachlosigkeit ist einer
der schlimmsten Missstände
in dieser Welt!

*Jeder Mensch braucht eine Aussicht,*
*die ihn durch den Tag führt,*
*und eine besondere, die ihn*
*durch das Leben trägt.*

# Kultur?

## Sackgasse - Einsamkeit

Es ist ein wesentlicher Unterschied, hin und wieder für einige Stunden alleine zu sein oder, sich in der Situation zu befinden, tage- und auch wochenlang kaum einen Dialog mit einem anderen Menschen führen zu können.

Wer unter uns in diese Lebenslage gerät, befand sich bereits zuvor auf die eine oder andere Weise auf steinigen Wegen.

In dieser unnatürlichen Gesellschaft, die auf bürgerfremde Hierarchien und künstlich erzeugtem Konkurrenzdenken aufgebaut ist, werden zahlreiche Bürger zum unaufhörlichen Spielball.

Es geht nicht um Menschlichkeit, und schon gar nicht um Kultur.

Nicht wenige von uns erliegen den kaltschnäuzigen Verhaltensmustern, die nur der Ellenbogenmentalität nacheifern.

Eine Folge davon ist, dass ein Teil unserer Mitbürger in die Einsamkeit gedrängt wird.

Dort stehen sie dem langen schmerzlichen Weg gegenüber, der für sie als Endpunkt einer Sackgasse erscheint.

Wo jegliche Anerkennung und Zuneigung fehlen,

der Mensch mehr und mehr zu verwelken beginnt, ein Meinungsaustausch an der ausbleibenden Zweisamkeit erstickt, zwischenmenschliche Verbundenheit und Motivation nur noch als Fata Morgana auftauchen, sinkt der Lebensmut hinab in die Tiefe einer verbrennenden Einsamkeit. Auch das Lachen verstummt, weil es die Freude nicht gibt, die es auslöst.

Dann offenbart sich ein täglich wiederholender, seelischer Schmerz, der das Dasein zum schier unerträglichen Zustand werden lässt.

Und wer dazu noch stärkere, gesundheitliche Einschränkungen mit sich tragen muss, wird diesen Umständen auf eine Weise ausgeliefert sein, die sein Innerstes jede Stunde, jede Minute beinahe zerbersten lassen. Nicht selten entstehen damit Suizidgedanken.

Jeder von uns Bürgern kann in solch eine schlimme Lebenssituation geraten. Deshalb müssen wir viel mehr aufeinander zugehen und längst überfällige, bedeutend menschlichere Gesellschaftsverhältnisse herbeiführen.

*Sobald wir uns weder überschätzen noch unterschätzen, bleibt genug Platz für Menschlichkeit und Authentizität.*

# Kultur?
## Neid

Unsere zahlreichen, menschlichen Eigenschaften und Fähigkeiten gehen nicht selten mit Irrwegen einher.

Wir sind nun einmal nicht perfekt – und das ist gut so. Wären wir es, würde unsere wunderbare Natürlichkeit und Spontanität vollends ersticken.

Und wie verhält es sich mit Neid?
Handelt es sich dabei um eine natürliche, menschliche Eigenschaft?
Wenn wir Neid als eine Form der Bewunderung ansehen wollen, indem zum Beispiel eine bestimmte, sehr gute Leistung entsprechend positiv anerkannt wird und zum nachahmen anregt, so ist dies sicherlich eine wohlgesonnene Verhaltensweise, die unserem natürlichen Wesen absolut entspricht.

Aber was ist, wenn Missgunst zugegen ist?
An dieser Stelle kommen wir zur Unzufriedenheit.
Sie ist der Hauptgrund für Missgunst.

Viele Menschen tragen eine nicht direkt sichtbare, jedoch latend wirkende Unzufriedenheit
mit sich.

Umso länger dieser Zustand bestehen bleibt, nicht
aufgelöst wird, desto mehr Verhaltensweisen mit
negativer Wirkung entwickeln sich daraus.

Dann wird Neid zu einer Last für diejenigen,
welche beispielsweise die gute Leistung anderer
nicht anerkennen können.

> Dort, wo Grundbedürfnisse nicht be-
> achtet werden, entsteht Unzufrie-
> denheit – dies gilt für alle Lebens-
> bereiche.
>
> Unzufriedenheit – besonders anhal-
> tende – lässt uns Menschen ermü-
> den, blockiert unsere Grundmoti-
> vation, macht uns ärgerlich, kann
> krank machen und lässt auch Wut
> oder gar Gewaltbereitschaft in uns
> entstehen.

Wichtige, nachhaltige Verbesserungen für die Bevölkerung entwickeln sich aus der Summe vieler positiver Verhaltensweisen, die zahlreiche Bürger im täglichen Leben regelmäßig praktizieren.

# *Kultur*
## Zwischenmenschlichkeit
## Eine ehrliche Entschuldigung

Das in der Überschrift genannte Thema ist zwar relevant, steht aber allgemein in einer Nebenstraße, die man nur wenig befährt. Genau deshalb besteht auch diesbezüglich noch immer Unsicherheit. Dabei ist es so einfach, oder doch nicht?

Das Wort „Entschuldigung" beinhaltet, dass wir in eine Situation kamen, in der wir „Schuld" auf uns luden.
Allerdings ist der Begriff Schuld an sich besser zu definieren.
Ein Mensch begeht eine vorsätzliche Tat, bei der ein anderer schwer verletzt wird oder gar zu Tode kommt. Ist dieser Vorgang wahrheitsgemäß bewiesen, kann von einer Schuld gesprochen werden – der Täter ist schuldig, weil er einem anderen Menschen absichtlich schlimmen Schaden zufügte. Eine Entschuldigung reicht in solchen bewiesenen Fällen selbstverständlich nicht.
Wie verhält es sich, wenn wir in der Stadt, dort in der Fußgängerzone mit vielen Menschen, eine ältere Dame versehentlich anrempeln, weil wir

mit unserer Begleitung tief in ein Gespräch ver-
wickelt sind?

Hierbei von einer Schuld zu sprechen wäre eine
glatte Themaverfehlung, da jeder von uns weiß,
dass es in solchen Situationen um ein Versehen
geht. Aber, es ist leider auch so, dass insgesamt
zu wenig auf andere Menschen geachtet wird,
dies sollte nicht unerwähnt bleiben.

Dennoch handelt es sich nicht um Absicht.

Wäre es bei diesen Vorgängen angebracht, sich zu
entschuldigen?

Ich meine ja – zumindest sollte man zu dieser
älteren Frau sagen: *Es tut mir leid, ist ihnen
etwas geschehen?*


Und wie ist es in Fällen, wo wir uns in der Wort-
wahl vergreifen?

Nun, in diesem Bereich wird es, was das Entschuldigen betrifft, schon etwas uneindeutig.

Hier stelle ich die folgende, wichtige Frage:

Warum tun sich Viele unter uns schwer damit,
gegenüber eines anderen Menschen eine Entschuldigung auszusprechen?

Auch in dieser Hinsicht geht es um unsere Lebensphilosophie. Beispielsweise wird eine etwas
verhärtete Denkweise dazu führen, mit dem Aus-
sprechen einer Entschuldigung sparsam umzugehen. Oft schwingen ängstliche Gedanken mit,

man könnte Schwäche zeigen, wenn zu viel Rücksicht auf andere Menschen genommen würde, schließlich sei man in einer Leistungsgesellschaft.

Dann gibt es die Menschen unter uns, welche schlicht nicht zugeben wollen, dass sie dies oder jenes falsch machten. Natürlich hat auch dieses Denkmuster seine Gründe.

Solches Denken tragen oftmals diejenigen mit sich, die in ihrer Vergangenheit regelmäßig herumgeschubst wurden, von wem auch immer.

Diese Mitbürger legten sich nach und nach eine Art Schutzmantel an, mit der Hoffnung, sie könnten dadurch nicht mehr verletzt werden. Und dazu gehört eben, menschliche Eigenschaften nicht zu sehr in den Mittelpunkt zu stellen.

Leider kommt der genannte Schutzmantel einer Mauer gleich, die nicht selten in Abkapselung führt – in eine zu große Distanz gegenüber anderen Menschen, verbunden mit der Angst vor Verbindlichkeit, die trügerisch sein könnte.

Es gibt aber auch Mitmenschen, die auf ihre Mitbürger hinabsehen, für die zum Beispiel Bürger ohne Titel und Reichtum keine Wertschätzung erhalten, nach dem Motto: *Weshalb soll ich mich bei solchen mittellosen Menschen entschuldigen?* In ihrer unbedachten Überheblickeit verletzen sie – doch sie kennen keine Einsicht. Das tiefere Nachdenken über einfache, menschliche

Befindlichkeiten ist bei ihnen kaum vorhanden. Sie sind das Ergebnis eines unnatürlichen Gesellschaftssystems, das naiv daran festhält, nur die Stärksten hätten das Recht auf ein würdevolles Leben.

Was ist, wenn man in einer gesellschaftlich privilegierten Position sitzt und eine oder mehrere falsche Entscheidungen getroffen hat?

Wer von uns kennt einen Berufspolitiker oder eine Führungskraft, die sich nach Fehlentscheidungen ganz unmissverständlich bei den jeweils betroffenen Menschen entschuldigte?

Man kann sie, Berufspolitiker und Führungskräfte, die sich für ihr Fehlverhalten tatsächlich und ehrlich gemeint entschuldigen, an einer Hand abzählen.

Warum dieses sonderbare, unnatürliche Verhalten?

Zum einen spielt leider ein gewisses Maß an Arroganz eine Rolle. Wer sich auf ein Podest stellen lässt oder selbst emporsteigt, dem gelingt es in aller Regel nicht, sich aus dieser Position heraus auf das schlichte Menschsein einzulassen, jedenfalls nicht gegenüber den Bürgern aus der Bevölkerung. Ausnahmen gibt es vielleicht.

Zum anderen sollte es nun wirklich Zeit sein, Strategien und damit einhergehende Verhaltensweisen des selbsterklärten Establishments zu durchschauen. Diese Personenkreise schützen sich und ihre zahlreichen Machenschaften sowie ihre außerordentlichen Privilegien, die sie trotz ihrer Taten erhalten – unter anderem eben damit, dass sie niemals etwas zugeben, geschweige denn, dass sie sich entschuldigen, gleich welche Not sie verursachten.

Selbst dann, sobald etwas klar bewiesen ist, geben diese Menschen in bestimmten, stark privilegierten Positionen ihre Fehler nicht zu.

Etwas zugeben oder sich dafür entschuldigen, könnte, so ihre unausgegorenen Berechnungen, dazu führen, Rechenschaft über weitere, bürgerfeindliche Entscheidungen abgeben zu müssen.

Dies wiederum wäre für sie ein Prestige- vor allem ein Machtverlust.

Wir Bürger sollten uns dies nicht länger gefallen lassen – es geht schließlich um unsere Lebensqualität!


Liebe Leserin, lieber Leser,
das sich Entschuldigen gehört zweifelsohne zu einer menschlichen Kultur, die wir fördern und pflegen müssen.

Zeigen wir unseren Mitbürgern in den jeweiligen Lebenssituationen, dass wir sie wahrnehmen und wertschätzen. Entschuldigen wir uns bei ihnen, sobald uns etwas Verletzendes aus dem Munde gleitet. Bedauern wir Fehlentscheidungen, die zu

Sorgen und Not führen und machen wir sie rückgängig. Geben wir offen zu, wenn wir andere Menschen falsch beurteilten. Lasst uns mit Empathie eine wirklich menschliche Gesellschaft aufbauen!

*Noch ist es für die Mehrheit von uns*
*nicht zu verstehen.*

*Wir sind und bleiben Kinder, solange wir leben.*
*Und sobald diese schlichte Tatsache wirklich verstanden ist, wird leicht erkennbar, wie massiv man unsere Natürlichkeit bereits erdrückt hat.*

# Kultur
## Grundbedürfnisse

In der bewussten, gegenseitigen Beachtung unserer Grundbedürfnisse liegt einer der Schlüssel für eine deutlich menschlichere Welt.

**DAS GRUNDBEDÜRFNISBAND**

nach Michael Johanni 2015
Menschenrechtsaktivist und Autor

Nahrung

Mitteilungs-
grund-
bedürfnis

Schlaf

Geborgen-
heit

Neugierde

Alle Menschen
haben von Geburt an
dieselben Grundbedürfnisse,
es sind mindestens 12.

Anerkennung

Zuneigung

Harmonie

Fort-
pflanzung

Freie
Meinungs-
äußerung

Sexualität

Kreativität

# Der Unterschied
## zwischen einem Bedürfnis
## und einem Grundbedürfnis

Ein Bedürfnis kann beliebig sein, zum Beispiel das neueste Handy, den aktuellsten Fernseher, ein schnelleres Auto oder nahezu alle technischen Neuheiten bzw. Gerätschaften zu wollen, die von der Industrie angeboten werden.

Unsere **Grundbedürfnisse** hingegen sind nicht beliebig, wir tragen sie von Geburt an in uns.
Sie sind das natürliche Fundament unseres Daseins. Alles, was wir tun und erleben, hängt direkt mit ihnen zusammen.

# Du hast mindestens
# 12 Grundbedürfnisse

**Nahrung**
**Schlaf**
**Mitteilungsgrundbedürfnis,**
das natürliche Verlangen, sich mitzuteilen.
**Neugierde**
**Zuneigung,**
in allen Lebensbereichen.
**Geborgenheit,**
in allen Lebensbereichen.
**Anerkennung,**
in allen Lebensbereichen.
**Harmonie,**
in allen Lebensbereichen.
**Freie Meinungsäußerung,**
das natürliche Verlangen, eine nützliche
Meinung kund zu tun.
**Sexualität**
**Fortpflanzung,**
das natürliche Verlangen, die Spezies Mensch
zu erhalten.
**Kreativität,**
das natürliche Verlangen nach mentaler
Förderung, Fähigkeiten zu erlangen, sie zu
leben und zu erweitern.

# *Kultur*

## Stützwerk - Würde

Die Menschenwürde ist ein wichtiger, natürlicher Teil unseres Ichs.
Sie ist ein übergeordneter, festverankerter, permanenter Bewusstseinsvorgang, der durch die elementaren Grundbedürfnisse und deren menschenspezifisches Verlangen fortwährend spürbare, existenzielle Substanz erhält.
Damit wird unsere Würde zum geistigen, emotionalen Stützwerk, das eine Grundlage für sämtliche Denkprozesse und Verhaltensweisen bildet.

Verfasst 2018

## Du bist wertvoll

Sei dir deiner Persönlichkeit bewusst.
Du hast das natürliche Recht auf ein
Leben in Würde, und deine Mitmenschen ebenso.
Strebe nach der Wahrheit und setze
dich für eine deutlich menschlichere
Zukunft ein – für dich, deine Mitbürger, für Kinder und künftige Genera-
tionen.

# *Kultur*

## Eine Geschichte

## Der aufrichtige Mann und ein Apfelbaum

Vor langer Zeit, als es für viele Menschen noch nicht sicher war, ob die Erde eine Scheibe oder eine Kugel ist, wohnte ein aufrichtiger Mann alleine am Rande eines kleines Dorfes.

Seine Eltern waren längst verstorben und die Geschwister zogen in die Welt hinaus.

So lebte er, begleitet von seinen Erinnerungen, ein bescheidenes Dasein.

Hin und wieder besuchten ihn Freunde aus dem nahegelegenen Dorf.

Während ihres letzten Besuches sprachen sie von einem Wandersmann, der ihnen etwas von einem besonderen Apfelbaum erzählte.

Dieser imposante Baum stehe ca. eine Stunde Fußweg entfernt oben auf einem Hügel und die Äpfel, die an seinen Ästen hängen, würden wunderbar aussehen und köstlich schmecken.

Schon am nächsten Tag zog der aufrichtige Mann los, um diesen außergewöhnlichen Apfelbaum zu suchen.

Mit Zuversicht und Freude in seinem Herzen ging er den Weg entlang, der zu diesem Hügel führen sollte, auf dem dieser Baum stand.

Als der Mann ungefähr 30 Minuten zurückgelegt hatte, musste er sehen, dass dieser Weg von einem großen Baum versperrt war, der anscheinend beim letzten Sturm entwurzelte und nun quer über dem Weg lag.

Der aufrichtige Mann sah darin ein Zeichen, lieber nicht weiterzugehen. Er ließ auch keinen Mut in sich aufkommen, nach einem anderen Weg Ausschau zu halten. Stattdessen kehrte er um und lief wieder nach Hause, wo es, wie üblich, keine bewegenden Vorkommnisse gab.

Einige Wochen vergingen bis er einen weiteren Besuch von seinen Freunden bekam.

Und das erste, was sie dem aufrichtigen Mann mitteilten, war eine neue Geschichte, die ihnen zugetragen wurde. Jemand erzählte ihnen, ein Mann aus einem anderen Dorf entdeckte bei einer Wanderung zufällig diesen beachtlichen Apfelbaum mit seinen wunderbaren, stattlichen Äpfeln. Er hätte möglichst viele davon in seinen Rucksack gepackt und mit nach Hause genommen. Gemeinsam mit seiner Familie verzehrte er einige Äpfel und soll gemeint haben, dass es die wohlschmeckensten seien, die er jemals gegessen habe. Am nächsten Tag sei er dann mit seiner ganzen Familie zu diesem Baum gegangen, und sie füllten die mitgebrachten Taschen mit Äpfeln.

Für diese Familie war es ein kleines Wunder, schließlich hatten sie weder einen Garten noch ausreichend Geld, um sich solche großen, köstlichen Äpfel zu kaufen.

Wie aber reagierte nun der aufrichtige Mann gegenüber seinen Freunden, nachdem er sich diese Geschichte bis zum Schluß anhörte?

Zuerst blieb er ganz ohne Reaktion – für einen Moment sah es so aus, als ob er mit seinen Gedanken weit weg geflogen sei. Dieser Eindruck täuschte jedoch.

Seine sichtbare Nachdenklichkeit ließ eine gelassene Atmosphäre entstehen, die den Freunden nicht verborgen blieb und ihre Aufmerksamkeit steigerte.

Dann sprach der aufrichtige Mann wohlüberlegt folgende Worte:

Offengesagt meine lieben Freunde, möchte ich zugeben, dass ich die Suche nach diesem besonderen Apfelbaum wegen eines einzigen Hindernisses frühzeitig aufgab. Und ich war viel zu zaghaft, mich nach einem anderen Weg umzusehen.

Sicherlich hätten die Äpfel auch mir Freude gebracht. Doch jetzt, wo ich weiß, dass es diese in Armut lebende Familie war, die den Apfelbaum fand, fühle ich in mir eine tiefe Freude, und ich wünsche dieser Familie Glück, das immer an ihrer Seite bleibt.

*Die Wahrheit ist immer dort,*

*wo wahre Menschlichkeit*

*an erster Stelle steht.*

# *Ein wenig über mich*

Es ist ein innerer Antrieb, eine innere Stimme, die mich zu stetigem Engagement für die Menschlichkeit motiviert.

Und gerade die heutige gesellschaftliche Situation bestätigt mich in meinen aussagekräftigen Analysen über den bedrohlichen, menschlich kulturellen Notstand in der Gesellschaft.

Daher ist es mein verstärktes Anliegen, mit meinen Schriften und Aktivitäten wichtige, nachvollziehbare Wege aufzuzeigen, die auf ihre Weise zur Lösung der zahlreichen Missverhältnisse führen können.

Geboren wurde ich am 4 Dezember 1962 in Schweinfurt/Nordbayern. Heute lebe ich im Raum Würzburg.

Meine ausgeprägten, autodidaktischen Fähigkeiten ermöglichen es mir, zwischenmenschliche und gesellschaftspolitische Zusammenhänge seit über 20 Jahren ziemlich genau zu erfassen, zu analysieren und zielführend zu kommunizieren. Bisher konnte ich über 10 Bücher veröffentlichen, die ich allesamt im Sinne einer deutlich menschlicheren Zukunft verfasste.

Bevor ich mit dem Schreiben begann, absolvierte ich 1991 in der Hotelfachschule Bad Reichenhall die Prüfung zum Restaurant-Meister.
Vorangegangen war die Ausbildung zum Restaurantfachmann in Bad Kissingen sowie berufliche Stationen in Bern, Rottach Egern und Würzburg. Nach der Hotelfachschule kam es zu Führungstätigkeiten in Braunlage, Darmstadt und Mannheim.
Vor 17 Jahren gründet ich den Verein *...mensch bleib Mensch!* e.V.
www.mensch-bleib-mensch.de

Übereinstimmungen mit meiner Lebensphilosophie finde ich bei Albert Schweitzer, Mahatma (Mohandas) Gandhi, Martin Luther King jr., Nelson Mandela und Jean-Jacques Rousseau.

Michael Johanni

# *Meine bisherigen Werke*

**Ein Meer aus bewegten Gedanken
für eine Welt in Frieden**
Erlesenes Nachschlagewerk mit
400 bedeutsamen Aphorismen & Kurztexten
verfasst von 2005 - 2024

**Hardcover,** 180 Seiten
Buchformat: 21 x 21 cm
Erschienen: 2024
ISBN: 978-3-7597-0241-8
34,00 Euro / e-book 9,49 Euro

**Das Gute wird sich durchsetzen**
Unser menschliches Potential
Hindernisse und Chancen

152 Seiten
Buchformat: 12 x 19 cm
Erschienen: 2024, Neufassung
ISBN: 978-3-7578-2487-7
10,90 Euro / e-book 2,99 Euro

**Verwandle deine Hoffnung in Ziele**
Motivierende Aphorismen & Kurztexte

80 Seiten, Buchformat: 12 x 19 cm
Kurztexte
Erschienen: 2024
ISBN: 978-3-7583-7363-3
7,90 Euro / e-book 2,99 Euro

Weitere auf der nächsten Seite bitte

### Raus aus der Apathie
Welcher Wert liegt im Leiden?

276 Seiten, Buchformat: DIN A5
Erschienen: 2021, Neufassung
ISBN: 978-3-7543-9739-8
14,90 Euro / e-book 4,99 Euro

### Zukunft braucht Courage
Abwarten bringt uns nicht weiter!

224 Seiten, Buchformat: DIN A5
Erschienen: 2022, Neufassung
ISBN: 978-3-7568-8786-8
12,90 Euro / e-book 3,99 Euro

### Lila Bäume
Sobald wir genauer hinsehen ...

152 Seiten, Buchformat: 12 x 19 cm
Erschienen: 2024, Neufassung
ISBN: 978-3-7557-4150-3
10,90 Euro / e-book 2,99 Euro

### ... damit das Morgen eine Aussicht hat
Zwei Eingänge

60 Seiten, Buchformat: 12 x 19 cm
Erschienen: 2024, Neufassung
ISBN: 978-3-7557-7986-5
6,90 Euro / e-book 1,99 Euro

Weitere auf der nächsten Seite bitte

## Ich glaube, die Blätter
## sprechen miteinander
Meine Gedanken

64 Seiten, Buchformat: 12 x 19 cm
Kurztexte
Erschienen: 2024, Neufassung
ISBN: 978-3-7578-0325-4
6,90 Euro / e-book 1,99 Euro

## Das kleine Grundbedürfnisbuch
Ein begehbarer Weg

44 Seiten, Buchformat: 12 x 19 cm
Kurztexte
Erschienen: 2024, Neufassung
ISBN: 978-3-7543-7910-3
5,90 Euro / e-book 1,99 Euro

## The little basic needs book
A walkable path

44 Seiten, Buchformat: 12 x 19 cm
**Englisch,** Kurztexte
Erschienen: 2024
ISBN: 978-3-7693-2172-2
5,90 Euro / e-book 1,99 Euro

## ... verschüttet, aber nicht verloren
Du hast mindestens 12 Grundbedürfnisse

80 Seiten, Buchformat: 17 x 17 cm
Kurztexte, bebildert
Erschienen: 2021, Neufassung
ISBN: 978-3-7557-1509-2
12,90 Euro / e-book 3,99 Euro

# Weitere Informationen

*Liebe Leserin, lieber Leser,*

wenn du mir zu den Inhalten meiner Bücher oder zu anderen Themen etwas schreiben möchtest, kannst du dies bitte unter folgenden Adressen tun:

E-Mail:
mail@michael-johanni.de
info@mensch-bleib-mensch.de

Internet:
www.michael-johanni.de
www.buecher-charakter.de
www.mensch-bleib-mensch.de

Freundliche Grüße
Michael Johanni

# Herzlichen Dank

Nach jedem fertiggestellten Buch verspüre ich in mir ein angenehmes Gefühl der Dankbarkeit.

Schließlich sind es doch viele kleine und mittel-große Schritte, die funktionieren müssen, damit es zu einer Buchveröffentlichung kommen kann.

Nichtsdestominder möchte ich meine Mitmenschen dazu motivieren, sich ans Werk zu machen und ein eigenes Buch zu gestalten – denn ganz so schwierig ist es nun auch wieder nicht.

Herzlich bedanke ich mich bei meiner Partnerin Christine, die mich nicht nur allgemein sehr unter-stützt, sie ist auch meine verlässliche Lektorin.

Ich bedanke mich bei Anna Werth, die mir ebenfalls regelmäßig zur Seite steht.

Zudem danke ich allen Mitbürgern, die mir im Laufe der Jahre hier und dort bei Gesprächen ihr Ver-trauen schenkten.

Dankbar sein zu können bedeutet für mich, einen ehrlichen Teil von dem zurückzugeben, was ich erhielt – und dies wiederum gibt mir in meinem Inneren ein Stück Frieden.

# *Freiheit*

„**Freiheit** erwächst aus Gerechtigkeit.

**Gerechtigkeit** entsteht auf der Basis von Wahrheit.

**Wahrheit** findest du,
wo wahre Menschlichkeit
an erster Stelle steht, und dort
offenbart sich Freiheit."